Mirtos de Antaño
y otros textos inéditos

Edición, introducción y notas de

Jorge Camacho

Mercedes Matamoros

Editorial Acera Norte

De la presente edición, 2018:

© Jorge Camacho

© Editorial Acera Norte LLC, Lexington, SC 29072, United States

Foto de portada: Javier Salas, tomada en 1906, y ampliada para el número de homenaje que *El Fígaro* le dedicó a la poeta cuando murió. *El Fígaro. Revista Universal Ilustrada* 2 de septiembre de 1906.

E-mail: aceranorte@gmail.com

ISBN-13: 978-0-692-05279-2

Queda prohibida la reproducción total o parcial de esta obra por cualquier medio o procedimiento, incluyendo fotocopia, grabación y otros medios electrónicos o mecánicos sin la previa autorización por escrito del autor, excepto en casos de uso académico y dentro de los límites establecidos en la ley.

E-mail del editor: camachoj@mailbox.sc.edu

ÍNDICE DE CONTENIDO

Introducción   1

Mirtos de Antaño   49

I   Soy el ave que te canta....................   51

II   Transformada en avecilla.....................   52

III   Cayó la lluvia de los altos cielos...............   54

IV   ¡Guirnaldas de blancas rosas...................   55

V   ¿Qué haré para cautivarte.....................   56

VI   Tú eres el alma de mi bien amado............   57

VII   Cerca estás, y tan lejano.......................   58

VIII   Nunca indagues, por piedad..................   59

IX   Tú eres, ¡ay!, el más hermoso..................   60

X	Fueran gozos mis enojos................	61
XI	Última ilusión perdida....................	62
XII	Como abeja que suspira..................	63
XIII	Llega el aroma suave de las flores.........	64
XIV	Cuando vuelven las aves a su nido........	65
XV	Yo te siento venir, luz de mi vida..........	66
XVI	Porque página más bella...................	67
XVII	¡Oh, destino implacable!...................	68
XVIII	Por alegres compañeros...................	69
XIX	Lo guardé muy oculto.....................	70
XX	Envié un mensaje a una estrella............	71
XXI	¿Te acuerdas de aquel día luminoso......	72
XXII	Para gustar de tus labios...................	73
XXIII	Me dijo la azucena tristemente............	74
XXIV	Tranquilos, inocentes y dichosos..........	75
XXV	Cuando oigas en tu sueño a medianoche.	76
XXVI	Un pensamiento por doquier me sigue...	77
XXVII	¡Oh, dulce ruiseñor que guardo y quiero!	78

XXVII	Da la hora el reloj, la triste hora............	79
XXVIII	En la floresta perdidos.....................	80
XXIX	Porque eres la sonrisa de mis auroras…..	81
XXX	Mis versos son las rosas....................	83
XXXI	Tus ojos de hechicero siempre brillan….	84
XXXIII	Yo sé que ha de llegar un triste día……..	85
XXXIV	Corazón que sufre tanto....................	86
XXXV	De ausencia en los largos días..............	87
XXXVI	Águila fugitiva...............................	88
XXXVII	Ay!, siempre a los suspiros.................	89
XXXVIII	Guarda el mirto............................	90
XXXIX	Le dije al corazón: --Baja a los mares…...	91
XL	La callejuela triste...........................	93
XLI	De una dulce paloma mensajera………..	94
XLII	Cuando llegue a decirme que me ama…..	95
XLIII	La dulce luz del moribundo día............	96
XLIV	Tú pasas por mi lado......................	97
XLV	Un ruiseñor que gime por las noches…...	98
XLVI	Más triste que en regiones tenebrosas…..	99

XLVII	Si en mí fue locura amarte...............	100
XLVIII	Sigue en las alegres fiestas...............	101
XLIX	Bajo la callada sombra....................	102
L	Los suspiros son besos con alas...........	104
LI	Los besos son las rosas perfumadas.......	105
LII	La sonrisa es la luz que nos envía..........	106
LIV	¡Qué inquietud! cuando no vienes..........	107
LV	Cuando yo llegue a verme sepultada......	108
LVI	El agua temblorosa que contiene..........	109
LVII	Hay un lugar querido......................	110
LVIII	Era una noche lóbrega....................	113
LIX	De tu desamor no ignoro.................	115
LX	Los ríos no retroceden....................	116
LXI	Jamás la niebla y la nieve.................	117
LXII	Vuela, vuela, corcel mío..................	118
LXIII	Tiene el amor supersticiones raras.........	119
LXIV	Cuando repose mi alma..................	120
LXV	Ven!, y en los ojos que por ti..............	122
LXVI	--Dame una pluma de tus blancas alas....	123

LXVII	Aún del sueño que tuve aquella noche....	124
LXVIII	¡Ojalá que ese sol resplandeciente.........	126
LXIX	En este aislado bosque, misterioso........	127
LXX	No olvides viejos amores...................	128
LXXI	Un milagro le pido al Dios piadoso........	129
LXXII	Oigo el rumor de la lluvia.................	130
LXXIII	Cuando en la noche lluviosa...............	131
LXX	Me dijo ayer un ave entristecida...........	133
LXXI	Hallarte por acaso en mi camino...........	134
LXXII	En noche azul de floreciente Mayo.........	135
LXXIII	Sin color, sin aroma, casi muerta...........	136
LXXIV	Cuando tengo en mis manos el libro......	137
LXXV	Los versos que yo te escribo...............	139
LXXVI	Yo nunca iré celosa........................	141
LXXVII	Última rosa perdida!.......................	143
Poemas	publicados en 1921 y 1922	145
III	Tu beso, tu suspiro, tu mirada..............	147
VI	Oh rondador de mis rejas...................	148
XXV	Tengo en mi hogar, tan solitario y triste...	150

XL	¡Mi cautivo encantador!...............................	152
XLV	De nieve y de rosas y de oro y turquesa...	154
	Última flor...................................	155
	Los enamorados...............................	157
	Adiós..	158
	Amor /El encuentro.........................	162
Poemas	en postales y álbumes	165
	En el álbum de la señorita Gloria Canales	167
	Para la señorita Clara Tejera	167
	Luisa García Fornaris	168
	Juana G. de Osuna	168
	Manuela G. de Osuna	168
	N. Valverde	169
	Dolores Malberti	169
	A Sofía Valdés Valenzuela	169
	A Asunción O'Reilly	170
	A Consuelo Lago	170
	A María de Quesada	171
	A Ángela Morales	171

	A Dulce María Gavilán	171
	A María Socorro Urzais	172
	A María Custodio	172
	A María Luisa Collantes	173
	A Gloria Perdomo de Morales	173
	A la Condesa de Santa María de Loreto	173
	A Serafina Valdivia	174
Textos	inéditos en prosa	175
	El Milagro de San Antonio……………..	177
	Pensamientos……………………….…	184
	Lides de Gallo…………………….…..	187
	Pensamiento………………………….	188
	Pensamiento. El médico………………	188
	Un voto de calidad……………………	189
Artículos	del *Diario de la Marina*	191
	Artículo 1……………………………	193
	Artículo 2…………………………..	198
	Artículo 3…………………………..	201

Para Ornella e Isabel

Introducción[1]

Mercedes Matamoros y del Valle fue una de las poetas más importantes de finales del siglo XIX y principios del XX en América Latina. Sin embargo, muy pocos críticos han reparado en ella, fuera y dentro de Cuba, su país natal. Nació en la ciudad de Cienfuegos en 1851, y comenzó a colaborar a la edad de 16 años en diversas publicaciones de la Isla. De niña aprendió varios idiomas y tuvo una vida relativamente holgada hasta que en 1884 su padre perdió el empleo, enfermó, y ella tuvo que cuidarlo. En 1892, gracias a Antonio del Monte, el redactor de *El País*, Matamoros publicó su primer poemario: *Poesías completas*, que incluye algunas traducciones y versos publicados en revistas cubanas y extranjeras como *El Nacional* de México. Después de publicar este libro, siguió escribiendo, hasta poco antes de su muerte, el 25 de agosto de 1906.

Por las traducciones y los poemas que dejó sabemos que primero admiró a los poetas románticos europeos como Lord Byron (1788–1824) y Johann Wolfgang von Goethe (1749–

---

[1] Una versión de esta introducción aparecerá en la revista *The Costal Review*. Aprovecho la ocasión para agradecerle a Catharina Vallejo sus comentarios a este artículo, y a Colleen Scutt el haber transcrito algunos de los textos de Matamoros que doy a conocer a continuación.

1832), pero que más tarde cultivó una sensibilidad modernista, cuya expresión más acabada fue el conjunto de sonetos titulado: *El último amor de Safo*. Estos sonetos recrean los amores de la poeta griega del mismo nombre con Faón, de un modo que hasta entonces había sido casi del dominio exclusivo de los hombres.

Los publicó nada menos que en *El Fígaro*, la revista literaria más importante de Cuba en aquella época, donde también publicaban los principales escritores modernistas de su tiempo: Rubén Darío, Amado Nervo, Enrique Gómez Carrillo y Julián del Casal.[2] El Modernismo, recordemos, fue un movimiento estético iniciado por José Martí, Gutiérrez Nájera y Julián del Casal a finales del siglo XIX, que respondía a la época de crisis que conocemos con el nombre de modernidad. Rubén Darío fue la cabeza más visible del grupo, y su animador principal, en cuyos versos aparecen muchos de los rasgos que caracterizaron la literatura francesa de aquel entonces como la preocupación con la forma, el exotismo, la desmiraculización del mundo y la sexualidad. Una sexualidad entendida muchas veces fuera de la norma o de los dualismos tradicionales, y que estaba íntimamente ligada a la "muerte de dios", que al decir de Michel Foucault

---

[2] Para más detalles sobre la importancia de esta revista en el Modernismo véase mi libro *Rubén Darío en El Fígaro de La Habana. Escritos desconocidos* (2017).

en su ensayo sobre el erotismo de Georges Bataille, abrió el ser a "una experiencia interior y soberana" (125).³

En los sonetos que publicó *El Fígaro* en 1902, Matamoros se enfoca en la sexualidad desde el punto de vista femenino, rompiendo así con la tradición patriarcal que veía la mujer como un objeto de deseo, listo a recibir las caricias del hombre. El personaje que le sirve de pretexto es Safo de Lesbos, cuya vida había sido recreada por muchos otros poetas, mujeres y hombres, incluso por escritores cubanos como Gertrudis Gómez de Avellaneda, José Silverio Jorrín y el mismo Manuel Serafín Pichardo, el editor del *Fígaro* (Vallejo, Introducción 20) (Morilla, 286) (Gleger 552). A diferencia de poemas que escriben estos autores, los de Matamoros se destacan por la fuerza y la pasión femenina que expresan, razón por la cual provocaron tantas reacciones encontradas en La Habana de principios del siglo XX.

Para que se tenga una idea de estas reacciones, valga analizar la polémica que surgió después que publicó estos versos. Dos días antes de aparecer *El Fígaro* con los poemas, el *Diario de la Marina* publicó una breve reseña del número

---

[3] He trabajado el tema con amplitud en *José Martí: las máscaras del escritor* (2006), especialmente en el ensayo introductorio: "Un paradigma para la Modernidad" (1-23), donde hablo de Matamoros, y en el capítulo titulado "La queja del eunuco: la representación de uno mismo como el Otro" (81-114).

donde habla de "la genial y notable poetisa", cuyos "soberbios sonetos, *El último amor de Safo*, en opinión de los críticos es la obra poética más acabada y brillante que ha producido la mujer en Cuba desde la Avellaneda hasta la fecha" (3). Poco tiempo después, Manuel Márquez Sterling le dedicó un ensayo donde elogia igualmente el "esfuerzo al que no estamos aquí acostumbrados", pero le reprocha que no se vea el carácter de la verdadera Safo en estos versos, porque "sin duda se falsea" (*Poesías 1892-1906*, 294-295). A pesar de este reproche, Márquez Sterling alaba la belleza de estos poemas, y Matamoros reprodujo sus palabras como prólogo del libro que reúne la versión definitiva de ellos: *Sonetos* (1902).

Sin embargo, no todas las reseñas que aparecieron de sus versos fueron tan elogiosas. Un crítico /crítica anónimo/a del mismo *Diario de la Marina*, después de leer estos versos y el artículo de Márquez Sterling, escribió nada menos que tres crónicas atacándolos. La primera de ellas apareció el 5 de agosto de 1902, y comienza con esta declaración bastante despectiva: "Ya hemos apurado las heces del poema 'El último amor de Safo', y hemos leído además las observaciones críticas que su lectura ha sugerido a Márquez Sterling". Y sigue diciendo que él /ella dará una opinión imparcial de los poemas, defendiendo a Matamoros de las acusaciones del crítico, pero seguidamente, va al grano del asunto, que no es otro que la ansiedad que le producía el tema erótico. Afirma:

Dicho lo bueno, expongamos lo malo. // Por lo pronto el personaje y el asunto, cuya escabrosidad es tal que parece inasequible a una señorita. Safo tiene tremenda fama; cuanto se relaciona con ella es delicado de tocar. Ni aun su parentela se exime de esta contaminación libidinosa, pues hermanos tuvo cuyo nombre es decorosamente impronunciable.

Acaso es una prueba de talento abordar ese tema y desarrollarlo sin grave alarma del pudor; pero por desgracia desde el primer soneto hasta el último abundan, unos por anfibología y otros por designios del poeta, en expresiones e imágenes capaces de ruborizar a un cochero de Estanillo. (2)

En estas críticas el periodista anónimo recurre a un lenguaje rudo, lleno de referencias al submundo habanero, como el lenguaje de los cocheros de la Habana, con el objetivo de rebajar su poesía y mostrar como "expresiones e imágenes" de sus poemas eran más apropiadas de los hombres de la clase baja o de los "hombres de mundo", que de una señorita que supuestamente debía proteger su virtud, su virginidad y su moral, según la norma religiosa. Así, los "cocheros de Estanillo" eran los conductores de la compañía de Pedro Antonio Estanillo, dueño de la línea de ómnibus "El Bien Público", que estuvo envuelta en múltiples juicios por usar las vías de una empresa competidora de la Habana, la Empresa de Urbano, y fue demandado por "daños, maltratos, interacción de la vía y otros hechos" según un acta de casación por infracción de la ley, emitida en España en 1891, por el Tribunal Supremo en Materia Civil.[4]

Como puede apreciarse, entonces, por la cita, los reparos que le hace este autor/a a Matamoros son más bien de tipo moral que literario. Están expresados en el tono típico de publicaciones satíricas de la época, y por eso no tiene reparo tampoco en afirmar que si Matamoros había dicho que Safo era del color de "golondrina oscura", seguramente se equivocaba porque Safo era blanca, y o bien, "ha confundido a su heroína con Quintín Banderas o no ha visto en su vida una golondrina" (2). Quintín Bandera era un descendiente de africanos que luchó en las guerras de liberación de Cuba, donde alcanzó el grado de general. Era un hombre de poca educación, con lo cual se entiende la doble intención del cronista al comparar a la poeta con el guerrero. Sin embargo, como bien le dice Matamoros a Serafín Pichardo en una carta privada, que le envió en 1906, ella tuvo en cuenta la verdad histórica cuando describió a Safo de este modo, ya que "según todos su biógrafos, [Safo] era trigueña" (*Poesía 1902-*

---

[4] Para más detalles léase la sentencia del Tribunal Supremo de Madrid. Sentencias del Tribunal Supremo en materia civil, parte 3. "Núm. 161." "Casación por Infracción de ley" *Colección Legislativa de España. Sentencias del Tribunal Supremo en Materia Civil.* Madrid, Imprenta del Ministerio de gracia y justicia, 1891 (pp. 931-939).

1906, 302). En sus críticas, el cronista anónimo destaca también errores de métrica y frases cursis, pero lo que más le inquieta no son estas supuestas incorrecciones del estilo, sino la "escabrosidad" del tema, que era "inasequible a una señorita", ya que no se veía bien que las mujeres escribieran de estos asuntos, porque podían producir una "contaminación libidinosa", y los nombres de los hermanos de Safo eran "decorosamente impronunciables".

¿A qué se refería con estas críticas? A la tradición que vinculaba a Safo con el amor entre mujeres, que a finales del siglo XIX ya se conocía con el nombre de "lesbianismo". En sus poemas, Safo le canta a la diosa Afrodita, y expresa su deseo sexual en términos muy físicos, descentrando de este modo la visión masculina y falocéntrica (McIntosh 15), algo que llevó a Charles Baudelaire (1821-1867) a utilizar su nombre y el de la isla de Lesbos, para referirse a las relaciones sexuales entre mujeres.

Para el crítico del *Diario de la Marina*, por tanto, tal desvío de la norma, el hecho de que su nombre pudiera ser poetizado por otra mujer o pudiera describirse el placer femenino en términos tan eróticos, podía ser amenazador para aquellos que se reservaban ese derecho. Es un miedo que recorre toda la literatura cubana, para no decir universal, y que han documentado muy bien críticos como Víctor Fowler, y Emilio Bejel para el caso de Cuba. Matamoros, valga aclarar, no desarrolla este tema en sus poemas, que tratan en realidad del amor entre la poeta de Lesbos y Faón. De todas formas, el crítico del *Diario de la Marina* alerta a los lectores de que "hay dos poemas 'Invitación' y la 'Bestia,' que son bonitos, pero de una sensualidad feroz" (2), y el primero de ellos pudo darle pie para ver en estos versos un guiño homosexual. En "Invitación" Matamoros desarrolla un diálogo entre Safo, y la Bacante, quien le reprocha a la poeta de Lesbos que llore por el barquero Faón, y la invita a estar con ella. Dice la voz poética:

La Bacante: —Ya escucho la doliente

lira en que tu alma su pasión deplora . . .

¡Necia, en verdad, es la mujer que llora

cuando el vino en la copa salta hirviente!

Si el hombre huye de ti, mi cuerpo siente

a tu lado un afán que lo devora!

¡Mira . . .con verde pabellón decora

Amor su nido entre la sombra ardiente!

Safo: —¡Qué horror! . . .ya vuelven tentadores

los placeres que en tiempo que maldigo

me hundieron en el fango de la vida! . . .

La Bacante: —¿Por qué vanos temores?
¡La dicha sólo encontrarás conmigo!
Baco te aguarda! ¡Embriágate y olvida! *(Sonetos* 21)
Aquí, por consiguiente, aparece el tema de la tentación, típico de la literatura modernista, especialmente escrita por hombres, en la cual las bacantes, las sirenas, Salomé y los "hermafroditas" se les aparecen a los poetas para incitarlos y provocar su perdición (Camacho 225-239). Joaquín Lorenzo Luaces, un poeta romántico cubano, había escrito en 1853 un soneto titulado "La Muerte de la Bacante" que se conoce como uno de los poemas más eróticos publicado en Cuba. En el de Matamoros, en cambio, la bacante no muere, sino que invita a Safo a tener relaciones sexuales con ella, lo cual sugiere la búsqueda del placer homosexual y el rechazo del hombre por el placer femenino. Safo en el poema de Matamoros es cierto que rechaza al final con "horror" esta "invitación" y confiesa que "ya vuelven tentadores / los placeres que en tiempo que maldigo / me hundieron en el fango". Lo que es una confesión de que en algún momento lo hizo y se sentía culpable por ello. Por eso, a pesar del rechazo que expresa, hay en estos versos un reconocimiento de este "placer", lo cual es un gesto de transgresión único en la literatura cubana de principios de siglo escrita por mujeres. Este poema contrasta, por tanto, con el que le sigue en el

mismo poemario, que como dijera el crítico del *Diario de la Marina* era "bonito" pero tan "feroz" como el otro. Este se titula "La Bestia", y en él, efectivamente, podemos ver los signos de otro tipo de violación de los límites impuestos por la sociedad ya que en él se elogia el amor carnal, entre Faón y Safo, de una forma también inusual para su tiempo, tan inusual que la mojigatería y la hipocresía criolla de la época tampoco podían tolerar. Dice Matamoros en "La Bestia":

    En lo más negro de aquel monte umbrío,

nuestro lecho, Faón, he preparado,

¡de mi pecho el volcán se ha desbordado!

de la fiebre fatal ya siento frío!

    ¿No escuchas a lo lejos al sombrío

león, que con rugido apasionado

responde a la leona, en el callado

y hondo recinto de su amor bravío?

    ¡Amémonos así! ¡Ven y desprende

de mi ajustada túnica los lazos,

ante mi seno tu pupila enciende!

    Es el amor que humilla y que deprava!

¡No importa! ¡Lleva a Safo entre tus brazos,

donde loco el Placer la rinda esclava!... (*Sonetos* 21)

En este poema, Matamoros compara su pecho con un volcán en erupción, imagen que le correspondería por la forma similar de ambos, y porque el lector puede también hacer una homologación entre la lava y las secreciones sexuales. Con lo cual la voz lírica convierte su cuerpo en naturaleza, dejando al lector en presencia de una "pornotopia", al decir de Douglas Porteous en *Landscape of mind* (81). Una forma muy antigua de hablar de la sexualidad, que fue utilizada muchas veces por escritores hombres para describir el cuerpo femenino. En estos textos el hombre representa una especie de explorador, que le da nombre a la naturaleza y al cuerpo de la mujer, como si fuera un nuevo Adán, lo que se corresponde con el poder que siempre ha tenido en la sociedad patriarcal (Porteous 85).

En los poemas de Matamoros, sin embargo, la mujer es quien incita al hombre a poseerla con el "amor que humilla y que deprava!". Es ella quien equipara su cuerpo a la tierra, con lo cual invierte la posición tradicional entre los sexos. Tal equiparación se refleja a su vez en el ambiente selvático de este y otros poemas de la colección, en los cuales se representa el cuerpo femenino como parte del paisaje natural.

En el poema titulado "Yo", por ejemplo, la voz lírica se describe a sí misma como una "golondrina", sus ojos son "diamantes", su boca es una "urna de coral", su cuerpo "es hecho de azucena y rosa", y como dice: "en el mórbido seno se doblega / lánguidamente el cuello como un lirio!" (*Sonetos* 14). Como decía Lily Litvak en *Erotismo fin de siglo* la cultura de la época cargaba la naturaleza, los jardines y las flores con un erotismo primigenio, natural, y transgresivo que subvertía las normas sociales (19). Este es el simbolismo asociado a las pinturas del *Art Nouveau*, con sus curvas sensuales y su celebración de los cuerpos, y no hay duda que tanto en *El último amor de Safo* como en *Mirtos de Antaño*, Matamoros recurre al simbolismo de las flores, como el mirto, asociado a la diosa Afrodita, el clavel, el jazmín, y el lirio para hablar del deseo sexual. A través de estas imágenes bucólicas, Matamoros conecta su cuerpo con el mundo, y muestra la pasión como algo normal y cotidiano. Selva y cuerpo quedan co-implicados, y por esto la pasión de la "leona" se convierte en este otro poema en un antídoto ante la doble moral burguesa. Con estos poemas, por tanto, la voz lírica reivindica su derecho a la pasión y a la sexualidad. Deja claro que no había diferencias entre ella y las fieras, ya que ambas estaban motivadas por el mismo deseo "feroz" y soberano.

Ahora aclaro, que si bien la voz lírica aquí deja de ser un ente pasivo, ella nunca se ve como la conquistadora del hombre. Lo invita a amarla, sí, pero nunca puede retenerlo. Se ofrece a sí misma como naturaleza viva para ser poseída, pero

Faón la desprecia. De ahí que su agencia quede limitada, que y que al final de la serie de poemas, la protagonista se suicide en la roca de Leucades, tal y como se dice que hizo Safo para terminar con su vida. Con lo cual verificamos que aun con voz, la poeta no tiene poder más que sobre su propio cuerpo y por eso termina siendo otra víctima del amor y del deseo.

El subtexto referencial de estos versos, por tanto, es el deseo, expresado a través de la naturaleza, el fuego, y la pasión violenta, características de la literatura y de la pintura modernista, que pasarán más tarde al surrealismo y al criollismo. Piénsese sino en el poema de Martí titulado "Brazos fragantes" de *Ismaelillo* (1882) donde el acto erótico es descrito también con imágenes bucólicas, y donde el cuerpo del protagonista se convierte en una "rosa que besada" se abre, o piénsese en las pinturas de Georgia O'Keeffe (1887–1986) en que las flores dan la impresión de ser partes íntimas del cuerpo femenino.

En uno y otro caso, son paisajes eróticos a través de los cuales la voz lírica expresa su propio deseo y "Placer", palabra que aparece con mayúsculas en el texto. Con lo cual la naturaleza deja de ser el espacio idílico de los románticos, para convertirse en una fuerza transgresora que avasalla y convierte en "esclava" sexual a la protagonista. Una declaración sumamente audaz en la literatura femenina de la época, que promovía representaciones tradicionales de la mujer como la de la madre rodeada de hijos, la del "ángel del hogar" o la de la mujer como representación de la patria. Por consiguiente, cualquier conducta que cayera fuera de estas representaciones era considerada como algo abyecto, que merecía ser rechazado.

De forma muy valiente, entonces, Matamoros rompe con estos dualismos y modos tradicionales de representar a la mujer a finales del siglo XIX en Cuba, y torna su heroína en otro "ídolo de perversidad" al decir de Bram Dijkstra en su libro del mismo título. Entre ellas está la imagen de la mujer como serpiente, demonio, sirena, bacante, o la de la mujer desnuda, "con la espalda rota" al decir de Dijkstra, que invita a los hombres a poseerla. De este tipo de imágenes son un ejemplo el dibujo de Santiago Quiñones para *El Fígaro* y la pintura de Guillermo Collazo (1851-1896) titulada "Voluptuosidad". Matamoros publicó estos poemas dos años después en la misma revista habanera, pero a diferencia de Quiñones o de Collazo, estos poemas fueron escritos por una mujer, y el dibujo de Quiñones, además, tiene un marcado tono patriótico. En los poemas de Matamoros el erotismo no está asociado a la patria, sino al placer de los cuerpos, a la pasión femenina y a la violencia, ya que la voz lírica le pide al amante que la posea con "el amor que humilla y que deprava": "¡Ven y desprende /de mi ajustada túnica los lazos, / ante mi seno tu pupila enciende!" (*Sonetos* 21).

Santiago Quiñones, portada para *El Fígaro* 2 de diciembre de 1900 (detalle).

Esta violencia erótica aparece en varios de los poemas que le dedicó a Safo. Primero cuando la voz lírica dice quererle morder la mejilla a Cloé (*Sonetos* 15). Después, cuando confiesa quererle enterrar alfileres en la cara a Mirene (*Sonetos* 18), y finalmente, cuando afirma en el poema titulado "Venganza" que quiso matar al amante una noche que entró en su cuarto y lo encontró dormido (*Sonetos* 22). Según la voz lírica al verlo tan indefenso en su cama se arrepintió, pero de todas formas su acción y su pensamiento homicida, entran dentro de esa atmósfera de violencia, celos, y desequilibrio mental que recorre toda la literatura de *fin-de-siècle* sobre mujeres, de lo que es un ejemplo el personaje de Lucía Jerez en la novela homónima de José Martí. En escritores hombres como Martí, esta violencia dejaba escapar la misoginia, y era un indicio de la ansiedad que despertaba en ellos la "nueva mujer", "como sacada de quicio y aturdida" (Martí VII, 228). En los escritos de Matamoros, sin embargo, esta era una forma de rebelarse contra el poder patriarcal y de mostrar su fuerza la mujer. Aun así, cuando la voz lírica habla en estos poemas de quererse "humillar", "depravarse" o de ser esclava del amante, es imposible no ver en ello una satisfacción por someterse a él, y de ser tratada con dureza por el barquero, lo cual a finales del siglo XIX era un rasgo psicológico conocido con el nombre de masoquismo.

Según Richard von Krafft-Ebing, quien fue quien primero definió este término en 1886 en *Psychopathia Sexualis*, el masoquismo era el deseo de ser "humillado y abusado" (89) por el amante, y la literatura y los manuales psicológicos de la época comenzaban a describir esta patología. Por eso se entiende, que el crítico/a anónimo/a del *Diario de la Marina* haya reaccionado con tanta virulencia ante estos versos, "abundantes en incorrecciones y digno de anunciarse como ciertos espectáculos de feria o como las conferencias de Fray Gonzalo: para hombres solos" (2). Porque en sus críticas podemos ver las limitaciones morales y filosóficas de una época, y de un sector de la población que no estaba dispuesto a permitir este tipo de transgresiones. No consideraba que estos temas eran apropiados para señoritas. Más bien eran para gente de mundo, ya que eran los hombres quienes producían este tipo de representaciones de la mujer, y a los que estaban dirigidas las charlas íntimas o los anuncios publicitarios de medicamentos que prometía curar cualquier enfermedad relacionada con el sexo.

En estos anuncios que publicaba el mismo *Diario de la Marina* "para hombres solamente", el diario le pedía a sus suscriptores que si tenían algún problema sexual le mandaran su dirección a la compañía norteamericana State Remedy Co, y por correo, recibirían un "remedio eficacísimo", con el cual "todos los que sufren de cualquier forma de debilidad sexual, resultante de errores de la juventud, pérdida prematura de fuerza y memoria" podían curarse en sus casas (4). En todo caso, entonces, los poemas de Matamoros entraban en esa zona exclusiva, prohibida y oscura de la sociedad cubana, a la que solamente tenían derecho los hombres. Al extremo que cuando su amigo, el editor de *El Fígaro*, Manuel Serafín Pichardo, lee los poemas de Matamoros en el Ateneo, como parte de una velada dedicada a la autora, evita leer "La Bestia" ante "el temor de alarmar a las señoras" que participaron en la reunión. Al enterarse, Matamoros le dice en una carta:

> Apruebo que por prudencia suprimiese la lectura de "La Bestia", pero no he podido menos de sonreírme con usted ante el temor de *alarmar* a las señoras. Yo, que por mi sexo tengo más intimidades que usted en el mundo femenino, sé que ese mundo ha cambiado mucho en Cuba y que en las habitaciones de jovencitas muy atildadas de 18 o 20 años se ven por todos lados novelas de Bourget, Zola, y Paul de Kock sin que los papás se preocupen en lo más mínimo por la lectura de sus hijas. (*Poesías*, 301 énfasis en el original)

La censura de sus poemas, y la reacción del crítico del *Diario de la Marina*, explican que antes de Matamoros no haya habido otra poeta que se atreviese a tanto. Explica, posiblemente también, la forma indirecta que escogió para hablar de estos temas, ya que a diferencia de *Mirtos de Antaño*, aquí Matamoros narra la historia que le aconteció a Safo, no habla en primera persona de ella, como es común hallar en el Romanticismo. Esta suposición estaría avalada por una carta que le envió Nicolás Azcárate Escovedo (1828-1894) a Matamoros, en la cual el abogado cubano le da algunos consejos a la poeta. La carta la publicó su nieto, Rafael Azcárate en *Nicolás Azcárate, el Reformista*, y en ella, el abogado le recomienda lo siguiente:

> Haga Vd. pequeñas escenas donde hablen dos personajes o uno solo, pero en que no hable Vd. Para una mujer esclavizada por numerosas trabas en todas partes, y sobre todo entre nosotros, es muy difícil la poesía lírica sin la ficción de hacer decir a otro lo que las leyes sociales le impiden decir a ella. (211)

Azcárate sabía muy bien de lo que hablaba, porque como abogado estuvo envuelto en algunas de las peleas legales más trascendentales del siglo XIX en Cuba. Fue íntimo amigo de Domingo del Monte (1804-1853) y de otros escritores de su círculo literario, incluso salvó a José Martí de ir a la cárcel cuando fue deportado de Cuba por segunda vez en 1879. Sus palabras, pues, vienen a demostrar las limitaciones que tenía la mujer en la sociedad cubana, "esclavizada por numerosas trabas en todas partes" (211), y la prohibición de hablar de algunos temas tabúes. Azcárate le recomienda, entonces, que utilice la "ficción" de otro personaje para expresar sus sentimientos, lo cual nos indica que Matamoros estaba muy consciente (había sido alertada) de la repercusión tal vez legal pero sobre todo social, que podían tener sus ideas y seguramente usó esta forma indirecta para expresar sus sentimientos. Visto el poema de esta forma, los personajes de Safo y de la Bacante en su poemario serían una especie de subterfugio, de máscaras del Yo, a través de las cuales puede hablar la poeta y proyectar sentimientos, frustraciones, y anhelos que de otra forma no podían exteriorizarse en el seno de la sociedad cubana. En todo caso este es un mecanismo de desdoblamiento, marcado por la ambigüedad, que fija su propio límite, y como sucede en la poesía de Martí, Nervo y Darío son formas de transgresión de la ley al mismo tiempo que de repudio o desautorización del Otro, como diría Stuart Hall (267).

No por gusto, no satisfecho con estas críticas a la autora de los sonetos a Safo, cinco días después, el mismo cronista anónimo del periódico que la atacó, volvió a la carga en otra crónica fechada el 10 de agosto de 1902. Esta vez, tomando como excusa un artículo que había aparecido el día anterior en el diario *El Mundo* escrito, dice, por "un señor que nos es enteramente desconocido" y que había optado por defender a Matamoros (2).

En esta segunda crónica, el periodista refuta los argumentos que daba "el campeón" y "defensor de la señorita Matamoros", argumentando que él/ella había podido señalar muchos más errores de la obra de los que señaló en el artículo anterior, pero que no lo había hecho por no dedicarle "una extensión desmesurada a una obra algo insustancial y poco edificante" (2). Finalmente, el 9 de diciembre de ese mismo año, publica otro artículo "acusando recibo de 'Sonetos' que en nombre de su autora, Mercedes Matamoros, se nos envía" (2). Al parecer, Matamoros había leído sus reseñas en el periódico, y le había mandado un ejemplar del poemario dedicado, y el crítico que asegura que no estaba acostumbrado a recibir este tipo de trato después de haber criticado tan severamente a un autor, lo acepta, pero agrega que no podía modificar su juicio, y dice que la obra "con dedicatoria y sin ella" seguía siendo "buena y mala" (2). Esta vez, además de repetir los principales argumentos que dio en contra de estos sonetos en los días anteriores, critica los otros poemas que la autora había incluido en el libro.

Esta polémica nos demuestra, por consiguiente, lo sensible que era tratar este tema en Cuba, especialmente para una mujer, y las críticas públicas a las que tuvo que enfrentarse la autora cuando publicó estos versos. Nos hablan también de su perseverancia ya que Matamoros siguió escribiendo, y un año después comenzó a publicar en el mismo *Diario de la Marina* su colección de poemas titulada *Mirtos de Antaño*.

Estos poemas, que son los que reproduzco en este libro, aparecieron entre junio de 1903 y abril de 1904 y al igual que el poemario anterior son de tema erótico. Aunque esta vez, Matamoros no toma como pretexto a la poeta de Lesbos para hablar, sino que usa su propia voz. Tampoco aquí habla de pasiones violentas y "feroces", sino de (des)amor y de tristezas. Con toda seguridad, eran poemas mucho más apropiados para "señoritas" y para una revista conservadora como el *Diario de la Marina*, que durante la colonia fue un bastión de la causa integrista, a pesar de que después de instaurada la República escribieron para ella muchos escritores de prestigio que habían estado a favor de la Independencia como Enrique José Varona, cuyas crónicas aparecían al lado de los poemas de Matamoros. En su columna, Varona disertaba sobre diversos temas con el estilo ágil y filosófico que lo caracterizaba, y Matamoros publicaba sus *Mirtos de Antaño*, cuando no otros poemas y textos en prosa como el titulado "Pensamientos" que publicamos aquí por primera vez.

Desde el punto de vista literario, *Mirtos de Antaño* es un poemario que tiene una fuerte cohesión interna ya que todos los poemas giran alrededor de un mismo tema. En ellos aparece también un erotismo suave y filosófico unido a la naturaleza, como aparece en la literatura modernista, o en la poesía mística de San Juan de la Cruz (1542-1591) y Fray Luis de León (1527–1591). Esto hace que a veces el "amado" se confunda con el Universo, y los idilios amorosos no ocurran entre personajes de la vida real, sino entre abejas, flores, mariposas y pájaros típicos del paisaje cubano. Por consiguiente, estos poemas no están caracterizados por el deseo "carnal" que aparece en los sonetos dedicados a Safo, sino por un erotismo anímico, de almas que entran y salen de las habitaciones como de las flores, y que nos recuerdan el constante movimiento del Universo y de los amantes. Este erotismo es muy similar también al de otros poetas modernistas que crearon escenarios bucólicos donde se mezclan los deseos, el paisaje y las almas. Algunos ejemplos son los poemas de José Martí, "El reino interior" de Rubén Darío y "Mariposas" de Gutiérrez Nájera (Camacho, 195-239). Basta citar unos versos del poemario para que se tanga una idea. En el poema número XII la voz lírica dice:

> Como abeja que suspira
>
> buscando miel en la flor
>
> así mi espíritu gira
>
> de tu ser en derredor. (60)

En este poema, como en otros de la serie, la voz lírica se imagina junto a su amado en el bosque. "Su espíritu" toma el lugar de la abeja y el amante toma el lugar de la flor, y a través de esta asignación de roles genéricos se sugiere el juego erótico que se desarrolla de forma paralela en el mundo de los insectos y en el de los hombres. Como vimos en "La Bestia" allí también la naturaleza servía de ejemplo al hombre a través de la pareja de leones. Aquí el escenario es menos "feroz", pero más sugerente. Si allí sobresale el deseo, aquí se frustra el amor "por la esquivez de la flor!...", no por el deseo de la abeja de libar su néctar. De forma sutil, por tanto, en estos poemas la voz lírica toma nuevamente el papel activo que normalmente se le atribuía al hombre en la relación erótica: toma el rol del "pica flor" y el hombre/flor se convierte en el objeto sexual de la amante. Es ella la que lo busca, y es él quien la rechaza. Es un amor, que a medida que transcurre el poemario se hace cada vez más oscuro y triste, ya que si bien el primer poema empieza con el despertar de la naturaleza y el canto de un ave: "soy el ave que te canta", el último poema del libro nos sugiere la muerte de la protagonista con palabras "tétricas" y rotundas como el "sepulcro" y el "entierro" de su corazón. Por el camino, el lector había sido testigo de su amor y desamor; había leído lo que es casi una confesión de suicidio (LXXIII), e incluso leyó seguramente las líneas en que la voz lírica le deseaba la muerte al amante (LXXVI), con lo cual se cierra cualquier posibilidad de realización del deseo o de la unión erótica entre los dos y nos recuerda los poemas que le dedicó a Safo.

Los poemas patrióticos y el malestar republicano.

Antes de terminar esta introducción al poemario de Matamoros quiero agregar que los años en que aparecen estos poemas, coinciden con el inicio de la República cubana, un acontecimiento de enorme trascendencia para el país, que no puede pasarse por alto. En 1902, después de una larga lucha por conquistar su libertad y un periodo de tiempo en que Cuba fue un protectorado norteamericano, finalmente Cuba se convirtió en un país independiente. No extraña, entonces, que otro de los temas fundamentales de la poesía de Matamoros sea el patriótico, y que estos poemas hayan aparecido después de la guerra. De hecho, durante su juventud Mercedes Matamoros fue amiga de José Martí, quien le dedicó un poema a nuestra autora, quien a su vez le dedicó tres poemas al hombre que murió en Dos Ríos, uno fechado en 1879, otro en el momento en que murió en 1895, y el último un año antes de ella morir de cáncer en 1906. Al parecer Matamoros nunca publicó los dos primeros poemas, ya que el segundo apareció en 1914, en el libro de Gonzalo de Quesada y Aróstegui, *Martí. Crítica y libros* (Morales) (Vallejo 65). Se titula "En la muerte de Martí" y los primeros versos bastan para indicarnos el desosiego que experimentó la poeta cienfueguera al conocer de la muerte del amigo. Dice:

> como aullidos feroces de jauría
>
> llega hasta mi la inmensa vocería
>
> de la turba española, que tu muerte
>
> hoy celebra con gritos de alegría. (*Poesías* 65)

El tercero de estos poemas, en cambio, es mucho más corto. Apareció en *El Fígaro* en 1905 y es el más importante de los tres, ya que para el momento en que Matamoros publica este poema, Martí gozaba de una gran popularidad y como dice en uno de sus versos: "la Patria lo adoraba" (*Poesías*, 245). El uso del verbo "adorar", aclaro, no es fortuito en este poema, debido a que a Martí se le llamó desde temprano "el Apóstol", y cuando *El Fígaro* publicó fotos de los objetos que utilizó en vida, habla de "reliquias", una palabra que usualmente se utilizaba para hablar de cosas sagradas o que habían pertenecido a los santos. Este lenguaje sacralizador se repite, incluso, en otros actos e inscripciones de la guerra, como sucede con el homenaje a los soldados que murieron en el conflicto, o cuando se describe la manifestación de más de 30 mil personas que hizo el pueblo de Cárdenas el 24 de febrero de 1900, al trasladar los restos de los patriotas hasta el cementerio. En una de las columnas del mausoleo de Cárdenas se leía la siguiente inscripción: "reposad ahí, reliquias queridas, dormid bravos patriotas. –la generación presente os admira. –la patria os bendice" (cit. en *El Fígaro*, 214).

En el soneto aparecido en el mismo número de *El Fígaro*, que conmemora la fecha del alzamiento revolucionario, Matamoros hablaría, por tanto, no solo de estas "reliquias queridas" de la patria, sino también de la figura más importante del alzamiento que había sido su amigo. No obstante, este poema está muy lejos de ser un texto celebratorio del 24 de febrero de 1895. Matamoros se limita aquí a contrastar la estatua de mármol de Martí, que había sido erigida ese mismo año en el Parque Central en La Habana, con su espíritu, y nos habla de su "alma" que según la autora, no se correspondía con el modelo que había diseñado el escultor, ya que bajo aquella forma no "canta [sino] gime [e] implora" el cubano (*Poesías* 245). Desde un inicio, por consiguiente, la voz poética nos alerta de una contradicción: la estatua que se había erigido para celebrar al héroe, no lo representa, y si ella misma pudiera, como dice, retornarle la vida con fuerzas sobrehumanas, ni siquiera entonces Martí dejaría de estar triste, porque no se trataba de su propio sufrimiento, sino del sufrimiento de Cuba. Afirma:

El Alma —que hoy evoca el pecho mío—

del Noble ser a quien la Patria adora

no palpita, ni canta, gime, implora

bajo ese mármol silencioso y frío.

¡Tuviera yo el supremo poderío

que de la noche hizo brotar la Aurora;

del polvo, la Hermosura seductora;

y el casto amor del lóbrego vacío!

Entonces esos labios sonrieran;

esas manos, a Cuba bendijeran;

palabras de perdón se escucharían;

mas al tornar el pensamiento grave

Hacia el dudoso porvenir, ¡quién sabe,

quién sabe si esos ojos llorarían…! (*Poesías* 245)

De lo que se trata, entonces, en este poema es de una estatua que de adquirir vida, vería el "dudoso porvenir" que le esperaba a la patria. Matamoros fechó este poema, repito, el 26 de febrero de 1905, es decir, dos días después de conmemorarse la fecha del alzamiento revolucionario. Para aquel entonces Cuba ya era un país independiente y los cubanos ya habían elegido a Don Tomás Estrada Palma, un antiguo compañero de Martí, veterano de las dos guerras de independencia, como presidente de la República. La angustia o la ansiedad de la que habla el poema no podía surgir, entonces, de otro sitio que no fuera del mismo país, de las disputas entre los partidos políticos, las personalidades que se sucedieron después del 20 de mayo de 1902, y las secuelas que había dejado en Cuba la intervención norteamericana. De hecho, con el mismo título, Matamoros escribió otro poema, que también publicó en *El Fígaro*, donde en la mañana de esta fecha insigne (que fue escogida para que coincidiera con el día después de la muerte del héroe cubano, ocurrida el 19 de mayo de 1895), toda la naturaleza cubana se despierta para celebrar ese día. El poema se titula "Al salir el sol el 20 de mayo" y termina con los siguientes versos: "ante el himno de amor que lo saluda, / de entusiasmo y de gozo enardecida, / ¿Qué alma cubana permanece muda?..." (*Poesías* 148), versos, que parecerían ser una elegía a la libertad y al nuevo país de no terminar en tres puntos suspensivos que dejan nuevamente un espacio para la duda.

No extraña, por consiguiente, que tres años después, el 26 de febrero de 1905, Matamoros escriba un poema tan sentido sobre el cubano y tome la estatua del héroe como pretexto para reflexionar sobre el "dudoso porvenir" de la nación. En realidad, no era la única que expresó semejantes ideas ya que el poema que le dedicó Bonifacio Byrne a la bandera cubana, recién regresado de los Estados Unidos, "Mi bandera", golpea sobre la misma nota de desasosiego. La diferencia es que este se publicó en 1901, es decir, un año antes de la salida del ejército norteamericano de la Isla, y el de Matamoros salió a la luz en 1905, tres años después de la inauguración de la República. Por eso hay que pensar que la preocupación que enuncia en estos versos es con el malestar político o con lo que se conoce por el nombre de la "frustración republicana." Es decir, con una realidad social que no se correspondía con lo que había soñado el héroe. Esta frustración da motivo a uno de los cantos más populares de aquel entonces: la canción que dice:

> Martí no debió de morir
> Si fuera el maestro del día
> Otro gallo cantaría
> La patria se salvaría
> Y Cuba sería feliz

Como recuerda Cristóbal Díaz Ayala, Emilio Villillo fue el editor musical, quien al alborear la República publicó esta canción y se la dedicó a Martí (109). Valga reparar, entonces, en la frase que sirve de pie al poema de Matamoros, que es tan importante como su nota final. Esta frase está escrita en inglés, idioma que Matamoros aprendió de niña, y está dirigida a un hipotético "tú" a quien le dice: "if you could see the phantom!" ("Si pudieras ver el fantasma!") ¿A quién se dirige la voz poética con esta frase condicional? ¿Cuál es el "fantasma" que su interlocutor no puede ver? ¿Acaso es el "alma" de Martí que estaba ausente del "mármol silencioso y frío" o el otro ideal al que aspiraba la República?

La voz lírica es la única que puede ver el "alma" de Martí, y el "fantasma" al que se refiere en esta frase. Los dos podrían incluso ser una misma cosa, como la noche y la patria en el famoso poema del cubano. Después de todo, ambos son etéreos, y como ocurre en la tradición de los poetas órficos, ella es la única que los puede ver y revelarle su significado al lector. Coincidentemente, en la literatura de la guerra de independencia no faltan "fantasmas" o espectros que se le aparecen a los poetas para recordarles su sufrimiento o su compromiso con los héroes de la gesta. Estos pueden ser los antiguos indígenas de la Isla o los revolucionarios de la pasada guerra como en "Sueño con claustros de mármol" o "Dos patrias" de Martí. En el poema titulado "Martí", fechado en 1898, Bonifacio Byrne, habla así del héroe de Dos Ríos:

> Desde que estoy desterrado
>
> oigo como se le nombra
>
> con un respeto sagrado
>
> y a veces miro su sombra
>
> deslizarse por mi lado ("A Martí" 83)

Más tarde, en el poema "Lascíate... (Elegía a Cuba)", Byrne vuelve a repetir la idea, esta vez uniendo la sombra de Martí a las de Maceo y Céspedes: "sombras augustas / que atravesáis de noche la campiña / cabalgando en fantásticos bridones" (47). Estos fantasmas le recuerdan al lector, por tanto, los sufrimientos y los costos del conflicto. Son un recordatorio de la utopía que habían soñado los revolucionarios. Podríamos decir, entonces, que ese "tú" al que se refiere Matamoros en este poema conoce tanto como ella de lo que está hablando. Es una reflexión angustiosa del momento por el que estaba atravesando el país, que como digo, ocupa un lugar importante en la literatura de finales del siglo XIX y principios del XX. Aunque allí --a diferencia del poema de Matamoros-- lo que sobresale es el canto a la patria recientemente liberada.

Estos poemas patrióticos, agrego, Matamoros los publicó también en *El Fígaro* y debieron pertenecer a una colección titulada *Armonías cubanas* que nunca vio la luz. Entre ellos están los titulados: "Al Máximo" (*El Fígaro*, febrero de 1899), "A la bandera cubana" (*El Fígaro*, marzo de 1899), "En las ruinas" (*El Fígaro*, agosto 1899), "Los reconcentrados" (*El Fígaro*, enero 1900), y "Los héroes" (*El Fígaro*, marzo 1902). Ellos recrean algún motivo del conflicto bélico, o algún recuerdo amargo de este periodo como la reconcentración de Valeriano Weyler en 1897, las ruinas que había dejado la "tea incendiaria" o el bloqueo norteamericano en 1898. Son poemas que al igual que el de Martí recurren a la memoria individual, y a la historia para describir la guerra, las víctimas, el paisaje desolado o para tratar de enmendar a través de la poesía las rivalidades entre los dos grupos opuestos. Estos poemas nos dicen que Matamoros no es solamente la poeta del amor ideal o de la pasión "feroz", sino que fue también la poeta de la guerra de Cuba y de la frustración republicana.

Después de su muerte los poemas de Matamoros se incluyen en varias antologías de poesía cubana (Morilla 242-243), hasta que casi quince años después surge una breve polémica entre Concepción Boluña, Antonio del Monte y Eva Canel por la cual sabemos algunos datos de su vida, como que había dejado algunos poemas inéditos de *Mirtos de Antaño*, y un testamento, que luego publicó Hortensia Pichardo en 1951.

Esta otra polémica comenzó el 24 de septiembre de 1921, cuando *El Mundo*, publicó un artículo de la escritora española, Concepción Boluña, en la que esta se hacía eco de otro publicado por Félix Callejas. Ambos cronistas recuerdan la muerte de la poeta cubana y se duelen de que tan pocos intelectuales hayan reconocido su talento o que asistieran a su entierro. Calleja recuerda que fueron muy pocos al velorio, y Boluña afirma: "Mercedes, en otras latitudes, en un suelo menos ingrato, entre literatos más altruistas y de más altos vuelos, habría sido más apreciada según sus méritos" (10). Después de estos artículos, que aparecieron alrededor del aniversario de su muerte, ocurrida el 24 de agosto de 1906, Eva Canel, una escritora asturiana radicada en Cuba, escribió una "riposta" y más tarde otro artículo en el cual reproduce una carta de Antonio del Monte, en el que este critica a Boluña, y al mismo tiempo, da algunos datos sobre la vida personal de la poeta. Del Monte había sido íntimo amigo de Matamoros. Había publicado su primer poemario, y la había ayudado desde el punto de vista económico a sobrevivir después de la enfermedad del padre. Matamoros le había escrito un poema a su hija, Ada Celia del Monte y del Monte, en 1893, titulado "Madrigal", y le había dejado a ella, además, una de sus casas en su testamento. Gracias a Del Monte, conocemos de la relación que tuvieron Mercedes Matamoros y Antonio Comoglio y Naranjo, quien según el redactor de *El País*, fue quien "seguramente" le sirvió de inspiración a Matamoros para escribir *El último amor de Safo* y los poemas de *Mirtos de Antaño*. Dice Del Monte:

> En estos largos años la visitaba un señor A. C. vecino de Guanabacoa, empleado de su Ayuntamiento, amigo mío, con aficiones literarias, y amante de los versos, quien la entretenía en sus soledades con la lectura de poesías y a quien a veces ella le consultaba las suyas, y quien se prestaba también gustoso a todos sus encargos. ¿Este amigo de sus soledades, fue acaso el Fhaón ideal de nuestra Safo y quien inspiró en sus postrimerías sus más bellas composiciones y aquel manojo admirable de *Mirtos de Antaño*? Seguramente. (cit. en Canel "Habla" 1)

Por su narración sabemos que en el momento en que apareció su primer poemario, Matamoros era propietaria de una casita en Guanabacoa que estaba en muy mal estado, pero con las ganancias que sacó pudo comprarse otras dos, arregló la que ya tenía, y dividió una de estas casas en dos partes. En una parte vivía ella, y en la otra, vivían inquilinos que la rentaban. Con la renta de estas tres propiedades era con lo que se mantenía. Sin embargo, agrega Del Monte, que Matamoros siguió teniendo dificultades económicas porque a veces las casas no se rentaban, y el tiempo y los inquilinos que eran peores que los años, las fueron destruyendo. Al parecer tuvo que "hipotecar" alguna de ellas o todas, y así "vivió muriendo nuestra emperatriz del verso" hasta que enfermó de cáncer (cit. en Canel, 1). Estos testimonios de la vida de Matamoros nos ayudan, pues, a hacernos una idea de las penurias económicas por las que tuvo que pasar y el inmerecido olvido en que había caído hasta entonces.

Con esta edición de los poemas de Mercedes Matamoros publicados originalmente con el título de *Mirtos de Antaño*, me propongo contribuir al estudio de su obra, y agregar nuevos materiales para que la podamos entender mejor. Con tal propósito he dividido este libro en tres partes. En la primera reproduzco los poemas que Matamoros publicó en el *Diario de la Marina* entre junio de 1903 y abril de 1904 con el título de *Mirtos de Antaño*. En la segunda, recojo otros textos que no han aparecido en publicaciones de su obra hasta la fecha, y en la tercera reproduzco los artículos anónimos que aparecieron en el *Diario de la Marina* atacándola.

En relación con *Mirtos de Antaño* he transcrito los poemas del *Diario de la Marina* tal y como se publicaron allí, y los he comparado con la edición que se publicó en 1991 en Cuba. Al hacerlo destaco las variantes y errores que aparecieron en aquella edición, y me limito a respetar la ortografía, la puntuación y la distribución de las estrofas en la versión original. En muchos de estos poemas, por ejemplo, solamente aparece el signo de exclamación al final del verso, sin indicarse donde comienza el periodo exclamativo, lo cual es un rasgo estilístico típico de otros autores decimonónicos, como el propio José Martí. Asimismo, en la segunda parte de este volumen publico textos desconocidos que aparecieron en *El Fígaro* y en el *Diario de la Marina*. Algunos de ellos son poemas de *Mirtos de Antaño* que se publicaron después de su muerte, y son posiblemente los mismos que dice Antonio del Monte que quedaron inéditos cuando murió, y que tenía guardado Antonio Comoglio y Naranjo.[5] En otros casos son dedicatorias que escribió en las postales y álbumes de sus amigas cuando en La Habana estaba de moda esta práctica.

---

[5] En la carta que Antonio del Monte le escribió a Eva Canel en 1922 le dice que "el manuscrito con los *Mirtos de Antaño*, algunos de los cuales han visto la luz y otros están inéditos, me lo ha prometido Comoglio para que se vayan publicando" (cit. en Canel, "Habla don Antonio del Monte" 10).

Junto con estos poemas, publico también en este libro otros textos en prosa como el cuento "El milagro de San Antonio", algunos "Pensamientos" y su opinión sobre las lides de gallo, las enfermeras y los médicos que la operaron.

En lo que se refiere a *Mirtos de Antaño*, he agregado en esta edición los poemas que aparecieron en los números de octubre de 1921 y de abril de 1922 de *El Fígaro*, cuando también se publicó la carta de Antonio del Monte en el *Diario de la Marina*. En la primera de estas colecciones de "poemas inéditos" están los titulados: III, VI, XIII, XIV, XXV, XXXIII, XXIV, XXV, XL, XLV, "Rondeles", "Última flor", y "Los enamorados". Sin embargo, el poema XXIV, que comienza "Le dije a mi corazón: Baja a los mares", ya había aparecido en el *Diario de la Marina* el 4 de octubre de 1903, con el número XXXIX. Igualmente, el titulado "Rondeles" es el que lleva el número XIV de la serie del *Diario de la Marina*. El que tiene el número XXXIII en *El Fígaro* había aparecido en el *Diario* con el número LVII, el 22 de noviembre de ese mismo año, y lo mismo ocurrió con los poemas XXIV y XXV aparecidos en 1921, que se corresponden con los titulados L, y LI en el *Diario de la Marina*: "Los suspiros son besos con alas", y "Los besos son las rosas perfumadas".

En este libro, por tanto, solamente reproduzco aquellos que no se habían publicado antes y nos obligan a preguntarnos qué lugar deberían ocupar dentro de la numeración general de la obra. Estos otros poemas están escritos en el mismo estilo que los que aparecieron entre 1903 y 1904. Están también numerados, aunque esta numeración no se corresponde con la del poemario, lo cual fue una constante desde que aparecieron en el periódico. En aquella ocasión no se siguió correctamente el orden cronológico, en algunos casos se les dio el mismo número a diferentes poemas, se saltó de número y se publicó un poema con posterioridad a la fecha que le correspondía. Por ejemplo, el 15 de noviembre de 1903, el *Diario de la Marina* publicó los poemas L, LI, y LIII, y en la próxima entrega, en la edición del 22 de noviembre de ese mismo año, publicó los numerados LIV, LV, LVI, y LVII, saltándose de esta forma el LIII. Algo similar ocurrió un mes después, cuando el 13 de diciembre de 1903, el *Diario de la Marina* imprimió otros cuatro, comenzando con los números LIX y terminando con el LXII, pero omitiendo el LVIII. A continuación doy, entonces, la fecha de publicación de los poemas de *Mirtos de Antaño* publicados en el *Diario de la Marina* y en la revista *El Fígaro*.

"I. Soy el ave que te canta", "II. Transformada en avecilla", "III. Cayó la lluvia de los altos cielos" (*Diario de la Marina*, 14 de junio de 1903) "IV. ¡Guirnaldas de blancas rosas", "V. ¿Qué haré para cautivarte", VI. Tú eres el alma de mi bien amado" (*Diario de la Marina*, 21 de junio de 1903) "VII. "Cerca estás, y tan lejano", "VIII. Nunca indagues, por piedad", "IX. Tú eres, ¡ay!, el más hermoso" (*Diario de la Marina*, 19 de julio de 1903) "X. Fueran gozos mis enojos", "XI. ¡Última ilusión perdida", "XII. Como abeja que suspira" (*Diario de la Marina*, 26 de julio de 1903) "XIII. Llega el aroma suave de las flores", "XIV. Cuando vuelven las aves a su nido", y "XV. Yo te siento venir, luz de mi vida" (*Diario de la Marina*, 2 de agosto de 1903) "XVI. Porque página más bella", "XVII. ¡Oh, destino implacable!", "XVIII. Por alegres compañeros", "XIX. Lo guardé muy oculto", "XX. Envié un mensaje a una estrella", "XXI. ¿Te acuerdas de aquel día luminoso" (*Diario de la Marina*, 16 de agosto de 1903) "XXII. Para gustar de tus labios", "XXIII. Me dijo la azucena tristemente", "XXIV. Tranquilos, inocentes y dichosos", "XXV. Cuando oigas en tu sueño a medianoche", "XXVI. Un pensamiento por doquier me sigue", "XXVII. ¡Oh, dulce ruiseñor que guardo y quiero!" (*Diario de la Marina*, 6 de septiembre de 1903)

"XXVII. Da la hora el reloj, la triste hora", "XXVIII. En la floresta perdidos", "XXIX. Porque eres la sonrisa de mis auroras", "XXX. Mis versos son las rosas", "XXXI. Tus ojos de hechicero siempre brillan" (*Diario de la Marina*, 20 de septiembre de 1903)

"XXXIII. Yo sé que ha de llegar un triste día", "XXXIV. Corazón que sufre tanto", "XXXV. De ausencia en los largos días", "XXXVI. Águila fugitiva", "XXXVII. Ay!, siempre a los suspiros que tú exhalas", "XXXVIII. Guarda el mirto" (*Diario de la Marina*, 27 de septiembre de 1903)

"XXXIX. Le dije al corazón: --Baja a los mares", "XL. La callejuela triste", "XLI. De una dulce paloma mensajera", "XLII. Cuando llegue a decirme que me ama", "XLII. La dulce luz del moribundo día", (Diario de la Marina, 4 de octubre de 1903)

"XLIV. Tú pasas por mi lado", "XLV. Un ruiseñor que gime por las noches", "XLVI. Más triste que en regiones tenebrosas", "XLVII. Si en mí fue locura amarte", "XLVIII.

Sigue en las alegres fiestas" (*Diario de la Marina*, 11 de octubre de 1903)

"L. Los suspiros son besos con alas", "LI. Los besos son las rosas perfumadas", "LII. La sonrisa es la luz que nos envía", "LVIII. Era una noche lóbrega" (*Diario de la Marina*, 15 de noviembre de 1903)

"LIV. ¡Qué inquietud! cuando no vienes", "LV. Cuando yo llegue a verme sepultada", "LVI. El agua temblorosa que contiene", "LVII. Hay un lugar querido" (*Diario de la Marina*, 22 de noviembre de 1903)

"LIX. De tu desamor no ignoro", "LX. Los ríos no retroceden", "LXI. Jamás la niebla y la nieve", "LXII. Vuela, vuela, corcel mío" (*Diario de la Marina*, 13 de diciembre de 1903)

"LXIII. Tiene el amor supersticiones raras", "LXIV. Cuando repose mi alma", 'LXV. Ven!, y en los ojos que por ti han llorado", "LXVI. --Dame una pluma de tus blancas alas", (*Diario de la Marina*, 20 de diciembre de 1903)

"LXVII. Aún del sueño que tuve aquella noche", "LXVIII. ¡Ojalá que ese sol resplandeciente", "LXIX. En este aislado bosque, misterioso" (*Diario de la Marina*, 24 de febrero de 1903)

"LXX. No olvides viejos amores", "LXXI. Un milagro le pido al Dios piadoso", "LXXII. Oigo el rumor de la lluvia", "LXXIII. Cuando en la noche lluviosa" (*Diario de la Marina*, 5 de marzo de 1904)

"LXX. Me dijo ayer un ave entristecida", "LXXI. Hallarte por acaso en mi camino", "LXXII. En noche azul de floreciente Mayo", "LXXIII. Sin color, sin aroma, casi muerta", "LXXIV. Cuando tengo en mis manos el libro" (*Diario de la Marina*, 20 de marzo de 1904)

"LXXV. Los versos que yo te escribo", "LXXVI. Yo nunca iré celosa", "LXXVII. Última rosa perdida!" (*Diario de la Marina*, 10 de abril de 1904)

"III. Tu beso, tu suspiro, tu mirada", "VI. Oh, rondador de mis rejas", "XXV. Tengo en mi hogar, tan solitario y triste", "XL. ¡Mi cautivo encantador!", "XLV. De nieve y de rosas y de oro y turquesa" (*El Fígaro*, 30 de octubre de 1921)

"XLVII, -Dame una pluma", "XLVIII. En noche azul del floreciente mayo", "XLIX. Hallarte por acaso en mi camino", "L. Sin color, sin aroma, casi muerta", "LI. Los versos que yo te escribo", "Adiós", "Amor/ El encuentro", "Leyendo a Arciniegas", "el Zun-Zun", *El Fígaro*, 9 de abril 1922, pág. 237)

Obras citadas:

[Anónimo]. "Para hombres solamente" [Publicidad]. *Diario de la Marina* 26 de abril de 1900, p. 4.

[Anónimo]. "Mártires de la Patria". *El Fígaro* [16,17, 18] de mayo de 1900, pp. 214-15.

[Anónimo]. "Miscelánea". *Diario de la Marina* 5 de agosto de 1902, p. 2.

___."Miscelánea". *Diario de la Marina* 10 de agosto de 1902, p. 2

___. "Miscelánea". *Diario de la Marina* 9 de diciembre de 1902, p. 2.

[Anónimo]. "Gacetilla". *Diario de la Marina* 18 de julio de 1902, p. 3

Azcárate, Nicolás. "A la poetisa Mercedes Matamoros". *Nicolás Azcárate, el Reformista*. Rafael Azcárate Rosell. Editorial Trópico, 1939, pp. 210-211.

Bejel, Emilio. *Gay Cuban Nation*. University of Chicago Press, 2001.

Boluña, Concepción. "Mercedes Matamoros". *El Mundo* 24 de septiembre de 1921, p. 10.

___. "Honor a quien honor merece". *Diario de la Marina* 16 de octubre de 1921, p 3.

Byrne, Bonifacio. *Poesía y prosa*. Ed. Francisco Morán. Stokcero, 2011.

___. "Lascíate... (Elegía a Cuba). *Poesías*. Editorial Letras Cubanas, 1981, pp. 46-50.

Camacho, Jorge. *José Martí: las máscaras del escritor.* Society of Spanish and Spanish American Studies, 2007.

___. *Rubén Darío en El Fígaro de La Habana. Escritos desconocidos.* Edición, introducción y notas Jorge Camacho. Editorial Acera Norte, 2017.

Canel, Eva. "Habla don Antonio del Monte". *El Mundo* 7 de octubre de 1921, pp. 1, 10.

Díaz Ayala, Cristóbal. *Música cubana: del areyto al rap cubano*. Ed. Universal, 2003.

Dijkstra, Bram. *Idols of Perversity: Fantasies of Femenine Evil in Fin-de-siècle-culture.* Oxford UP, 1988.

Foucault, Michel. "Prefacio a la Transgresión". *De lenguaje y literatura*. Trans. Isidro Herrera Baquero. Paidós, 1996, pp. 123-42.

Fowler, Víctor. *La Maldición. Una Historia del placer como conquista*. Editorial Letras Cubanas, 1998.

Gleger, Osvaldo. "Safo en el trópico: imagen post-victoriana del cuerpo en la poesía de Mercedes Matamoros". *Revista de Estudios Hispánicos*. XLV. 3 2011, pp. 551-570.

Hall, Stuart. "The spectacle of the 'Other". *Representation. Cultural Representations and Signifying Practices*. Ed. Stuart Hall. Sage, 1997, pp. 223-279.

Krafft-Ebing, Richard. *Psychopathia Sexualis, with special reference to contrary sexual instinct: a medico-legal study*. F.A. Davis Company; F.J. Rebman, 1894.

Litvak, Lily. *Erotismo fin de siglo*. Antoni Bosch, 1979.

Luaces, Joaquín Lorenzo. "La muerte de la Bacante". *Poesías de Joaquín Lorenzo Luaces*. Imprenta del Tiempo, 1857, p. 53.

Martí, José. *Obras Completas*. 28 vols. La Habana: Editorial Nacional de Cuba, 1963-75.

Matamoros, Mercedes. *Poesías completas.* Prólogo de Aurelia Castillo de González. Impr. La Moderna de A. Miranda y Cía, 1892.

___. *Sonetos.* Tipografía La Australia, 1902.

___. *Poesías (1892-1906).* Edición académica, introducción y notas de Catharina Vallejo. Ediciones Unión, 2004.

___. "La niña y el pez". *El Nacional.* 5 de setiembre de 1886, p. 2.

___. "La mejor lágrima". *El Nacional* 27 de junio de 1886, p.2

McIntosh Snyder, Jane. *Lesbian Desire in the Lyrics of Sappho.* Columbia University Press, 1997.

Morales, Florentino. Prólogo. *Mirtos de Antaño.* Mercedes Matamoros. Cátedra Mercedes Matamoros, 1991, pp. 3-16.

Morilla Palacios, Ana. "Mercedes Matamoros y Safo de Lesbos". *Foro de Educación* 9 2007, pp. 279-296.

"Núm. 161." 'Casación por Infracción de ley". *Colección Legislativa de España. Sentencias del Tribunal Supremo en Materia Civil.* Part. 3. Madrid: Imprenta del Ministerio de Gracia y Justicia, 1891, pp. 931-939.

Pichardo, Hortensia. "Mercedes Matamoros, su vida y su obra". *Revista Bimestre Cubana.* LXVII, 1,2,3 Jul-Dic, 1951, pp. 21-90.

Porteous, J. Douglas. *Landscape of the Mind: Worlds of sense and Methaphor.* University of Toronto Press, 1990.

Vallejo, Catharina. Introducción. *Poesías (1892-1906).* Edición académica, introducción y notas de Catharina Vallejo. Ediciones Unión, 2004, pp. 7-40.

MIRTOS DE ANTAÑO

I

Soy el ave que te canta

la canción de los suspiros;

soy la maga, que te guarda

los embriagadores filtros;

soy la onda, que te brinda

de espumas el casto nido;

soy la estrella que te indica

el rumbo de lo infinito;

yo soy Ofelia, que vengo

a ofrecerte el blanco mirto!..

II

Transformada en avecilla
dulce, cándida y sencilla,
de la noche en la honda calma
vino a buscarme tu alma.

Ella, con ala amorosa
rozó mi frente ardorosa,
cantando entre suaves giros
la estrofa de los suspiros.

Luego vertió en mis oídos
melancólicos gemidos,
respondiendo a mi reclamo:
--yo te amo! yo te amo!--[6]

Tierna endulzó mis enojos,
libó el llanto de mis ojos,
y como en nido sereno

---

[6] En la edición de 1991 se agregan signos de exclamación al inicio de cada oración y se elimina la pleca final.

se durmió junto a mi seno.

Y al despertar con la aurora

sentí paz consoladora

en mi alma de angustias llena,

y en el seco labio mío

una gota de rocío

y un aroma de azucena…![7]

---

[7] Este poema fue reproducido en *El Fígaro*, el 9 de abril de 1922, con el título "El Zun-Zun", y la fecha de "junio, 1898."

III

Cayó la lluvia de los altos cielos,

silbó el viento con lúgubre clamor,[8]

batió el rayo los árboles frondosos,

sus bramidos el trueno dilató,

y brilló en tu mirada y en la mía

¡el relámpago ardiente del amor...!

---

[8] En la edición de 1991 se lee "camor".

IV

¡Guirnaldas de blancas rosas

ojalá mis brazos fueran,

que en sus redes amorosas

para siempre te envolvieran!

Con esencias misteriosas

tu espíritu adormecieran,

si cual guirnaldas de rosas

para ti mis brazos fueran![9]

Y las pérfidas hermosas

tu alma fiel no sedujeran,

ni de mí la desprendieran,

si cual guirnaldas de rosas

para ti mis brazos fueran..![10]

---

[9] Se agregan puntos suspensivos en la edición de 1991.
[10] Se eliminan los puntos suspensivos en la misma edición.

V

¿Qué haré para cautivarte
y junto a mí retenerte,
cuando nunca puedo hallarte
aunque delire por verte?

A mi vida encadenarte
quisiera con lazo fuerte,
pero nunca puedo hallarte
aunque delire por verte.

Y al fin llegaré a la muerte
sin que consiga olvidarte,
y ansiosa de poseerte,
porque nunca puedo hallarte
aunque delire por verte..!

VI

Tú eres el alma de mi bien amado,
avecilla que al fin hallas tu nido,
suspiro dulcemente modulado
que vuelas de su labio hasta mi oído.

Como aroma de nardos te he aspirado,
como célica miel te he recogido,
suspiro dulcemente modulado
que vuelas de su labio hasta mi oído.

Todo lo que ha sufrido y ha llorado
el corazón que tanto te ha querido
a tu mágico influjo se ha borrado,
suspiro dulcemente modulado
¡que vuelas de su labio hasta mi oído!

VII

Cerca estás, y tan lejano
del triste ser que no amas,
como el astro soberano
que sobre mí vierte llamas.

Siento el calor de tu mano,
con tu presencia me inflamas,
y aunque cerca, estás lejano
del triste ser que no amas.

Y quiero alcanzarte en vano
aunque por mí nunca clamas,
¡oh, corazón inhumano!,
que estás cerca y tan lejano
del triste ser que no amas…!

VIII

Nunca indagues, por piedad,

de mi pecho lo interior;

tantas veces la amistad

encubre un ardiente amor!

Yo finjo serenidad,

disimulo mi ansiedad

y te oculto mi dolor[11]

¡tantas veces la amistad

encubre un ardiente amor…!

---

[11] Se agregan puntos suspensivos en la edición de 1991.

IX

Tú eres, ¡ay!, el más hermoso
y el más triste de mis sueños,
porque eres tú lo imposible,
lo infinito, como el cielo!

Bien sé que tu amor no es mío,
que el amarte es devaneo,
y eres por eso el hermoso
y más triste de mis sueños.

Pero aunque el sepulcro un día
guarde mis helados restos,
aún perseguirá mi alma
su hermoso, su triste sueño…!

X

Fueran gozos mis enojos,

mi pesadumbre, alegría,

si brillar viera algún día

una lágrima en tus ojos.

Quedan en tu alma sombría

del amor solo despojos,

que no arrancan, vida mía,

una lágrima a tus ojos.

Y[12] fue un amor sin abrojos,

todo luz y poesía,

sin engaños ni sonrojos;

¿no habrá por él algún día

ni una lágrima en tus ojos?...[13]

---

[12] Se escribe con minúscula en la edición de 1991.
[13] En el *Diario de la Marina* aparece el signo y después los puntos suspensivos. En la edición de 1991 aparecen al revés.

XI

Última ilusión perdida,
última ilusión llorada!
Ya no habrá más ilusiones,
pero tampoco más lágrimas!

Cuando impere el desengaño
y se ausente la esperanza,
ya no habrá más ilusiones,
pero tampoco más lágrimas!

Mi alma guardará silencio
como triste fuente exhausta,
y no habrá más ilusiones,
pero tampoco más lágrimas…!

XII

Como abeja que suspira

buscando miel en la flor,

así mi espíritu gira

de tu ser en derredor.

Cada nota de mi lira

es un himno de dolor;

triste abeja que suspira

porque no liba en la flor.

Oye el profundo clamor,

oye a un alma que delira

siempre anhelando tu amor;

triste abeja que ya expira

por la esquivez de la flor!...[14]

---

[14] Faltan los puntos suspensivos en la edición de 1991.

XIII

Llega el aroma suave de las flores

a la cerúlea bóveda estrellada,

y no llegan al dios de mis amores

los suspiros del alma enamorada.

Siempre vivo entre angustias y dolores

por tu grato recuerdo atormentada;

y no escuchas, amor de mis amores,

los suspiros del alma enamorada.

¡Oh, brisa de los valles perfumada!

hálitos de la selva embriagadores![15]

pajarillo escondido en la enramada!

llevadle al dulce amor de mis amores

los suspiros del alma enamorada!...[16]

---

[15] Hay un punto y coma en la edición de 1991.
[16] En la misma edición se invierte el orden de los signos.

XIV

Cuando vuelven las aves a su nido,
cuando en los bosques se adormece el viento,
la musa del amor vierte en tu oído
profundo y melancólico lamento.

Para animar tu corazón dormido,
para fijar en mí tú pensamiento,
la musa del amor vierte en tu oído
profundo y melancólico lamento.

Si pudieras saber cuánto he sufrido!
si pudieras sentir cómo yo siento
el dolor de la ausencia y del olvido!
¡Oh musa del amor, vierte en su oído
este profundo y tétrico lamento!...[17]

---

[17] Se invierten los signos en la edición de 1991.

XV

Yo te siento venir, luz de mi vida,
como un ritmo de amor, si estoy despierta,
yo te siento venir si estoy dormida,
que siempre está mi corazón alerta.

De la dicha más grande y más cumplida
el alma te abre la dorada puerta;
que en insomnios inquietos, o dormida,
está por ti mi corazón alerta.

Y sentiré también, cuando esté muerta,
tus pasos en la tierra humedecida
que cubrirá a tu amante, muda y yerta,
porque en eterno sueño aunque dormida
siempre estará mi corazón alerta.

XVI

Porque página más bella
para guardarlo no hallé,
escribí su nombre amado
en la hoja de un clavel.

---¡Quiera Dios, suspiré entonces,
que en el pecho de mi bien,
viva más tiempo mi imagen
que su nombre en el clavel![18]

Y se borró mi memoria
de tu alma cruel y sin fe,
antes que el viento y la lluvia
deshojaran el clavel...!

---

[18] Se agregan puntos suspensivos antes del signo de exclamación en la edición de 1991.

XVII

¡Oh destino implacable!

Si de tu libro entre las negras hojas

una página blanca me encontrara

con su nombre enlazado al nombre mío,

por esa blanca página aceptara[19]

cuantos augurios de dolor hubiera

en tu libro sombrío…!

---

[19] En la misma edición se lee "aceptar".

XVIII

Por alegres compañeros

y por risueñas amigas,

repetir su nombre amado

llena de celos oía.

--¿En dónde, en dónde esconderlo

porque nadie lo repita?,

y fui a guardarlo entre perlas

en una concha marina.

Vigilando mi tesoro

quedé del mar en la orilla,

y a poco un dulce murmullo

que de la concha salía,

como canción de sirena

o cual música divina,

escuché que el nombre hermoso

blandamente repetía...!

XIX

Lo guardé muy oculto

en el cáliz de un mirto,

y lo dejé de un árbol

en el caliente nido,

--Guardadlo para siempre,

guardadlo, pajarillos,

y que por nadie sea

su nombre repetido!

Al asomar el alba

el verde bosque umbrío

poblóse de cadencias

y plácidos sonidos…

Vendían mi secreto

los tiernos pajarillos,

y de su dulce nombre

cada letra era un trino…!

XX

Envié un mensaje a una estrella
diciendo: --guarda su nombre
en ese planeta ignoto
que tantas joya esconde.

Alcé los ojos al cielo
cuando empezaba la noche,
y vi en lugar de la estrella
claro y radiante…su nombre[20]

---

[20] Este poema fue agregado por Catherina Vallejo al poemario. No aparece en la edición de Florentino Morales *Mirtos de antaño* de 1991.

XXI

¿Te acuerdas de aquel día luminoso

de flores y de sol?

Estábamos los dos indiferentes

hablando de mil cosas inocentes,

cuando vino quedito el niño Amor;

con miedo nuestras manos enlazamos

y después… ¡que callados nos quedamos,

que callados y trémulos los dos!

¡Nunca te olvidaré día dichoso,

de flores y de sol…![21]

---

[21] Este poema fue agregado también por Catharina Vallejo.

XXII

Para gustar de tus labios

las dulzuras deleitosas,

puse en ellos, palpitantes,

dos sedientas mariposas.

Pero darme no quisieron

de la miel que le robaron

ni una gota… y para siempre

prendidas allí quedaron…!

XXIII

Me dijo la azucena tristemente:

--Soy la novia del sol resplandeciente

que no tiene rival en su belleza;

mas como ha ido a otro país lejano,

he pasado una noche larga y cruel!

Y yo le dije al recordar mi ausente:

--Yo también a mi sol procuro en vano,

mi tristeza es igual a tu tristeza,

yo tampoco dormí, pensando en él...!

XXIV

Tranquilos, inocentes y dichosos,

ocultos en las verdes espesuras,

saboreábamos juntos las dulzuras

del amor casto, en la primera edad.

Llegó el tiempo, y nos dijo tristemente:

---De pureza guardad vuestro tesoro,

porque hoy estáis en el minuto de oro

que raudo pasa, y que no vuelve más…!

XXV

Cuando oigas en tu sueño a medianoche[22]

una voz que te llama y que se queja,

no lo dudes, mi bien, esa es mi alma

    que en tu estancia penetra.[23]

Descorre las cortinas de tu lecho,

contempla con amor tu faz serena,

graba un beso en tu frente, y sin ruido

    satisfecha se aleja...!

---

[22] Esta palabra aparece separada en el *Diario de la Marina*.
[23] En la edición de 1991 parte de este verso aparece a continuación del verso anterior. El tópico del "amante demonio" que penetra en la habitación de la amada por la noche es típico de la literatura de fin de siglo.

XXVI

Un pensamiento por doquier me sigue,

una sonrisa en todas partes veo,

una mirada junto a mí destella,

y vibra en mi redor solo un acento,

porque *él* y siempre *él*,[24] del alma ardiente

es el perpetuo sueño…!

---

[24] Se elimina el énfasis de estas palabras en la edición de 1991.

XXVII

¡Oh dulce ruiseñor que guardo y quiero!
prenda de amor en venturosos días!
que a mis risas y halagos respondías
con tu armonioso canto lisonjero!

Que a veces con gemido lastimero
llorar con mis tristezas parecías,
y a mi caliente seno te acogías
sin recordar el bosque placentero!

Ya que tu ingrato dueño me ha olvidado,
ve a buscar otro amor en otro nido...
mas, ¿no quieres seguir al inconstante?

¡Oh triste corazón desengañado!
nunca pudo soñar que hubiera sido
más fiel un pajarillo que un amante![25]

---

[25] Falta el signo de exclamación al final del verso en la edición de 1991.

XXVII

Da la hora el reloj, la triste hora
en que se aleja al fin mi bien querido;
--¡hasta mañana!"—dice--¡hasta mañana!,
le responde mi trémulo suspiro;
pero solo no va... Fiel[26] vigilante
de su tesoro rico,
por las calles desiertas y calladas
lo va siguiendo el pensamiento mío...!

---

[26] En la edición de 1991 se lee "Fie".

XXVIII

En la floresta perdidos

nos encontramos los nidos

que deshizo el huracán;

y pajarillos errantes

que iban en climas distantes

otros nidos a buscar.

¡Quién sabe si en negro día,

nido deshecho, alma mía,

nuestro corazón será;

y en apartadas regiones

irán nuestras ilusiones

nuevos nidos a buscar…!

XXIX

Porque eres la sonrisa de mis auroras,
porque eres tú mi perla nítida y blanca,
porque eres dulce y bello como las flores,
te quiero, encanto mío, con toda el alma!

Tú eres el novio hermoso de mis ensueños,
el príncipe celeste que yo aguardaba,
el que vino a decirle tierno al oído
a la virgen dormida que despertara.

Yo necesito verte todos los días
para poder entonces vivir en calma,
porque si no te veo, pienso que a otra
le estás diciendo acaso que no me amas.

Cuando escucho tu acento tan suave y grato,
creo que es una alondra la que me habla,
anunciándome el día del amor puro
y de la dicha inmensa, que eterna irradia.

Yo conozco tus pasos desde muy lejos,

y acudo a veces trémula a la ventana,

porque siempre adivino cuando tú vienes,

que es mi alma quien te invoca, la que te llama![27]

Sueño tenaz contigo todas las noches,

tu recuerdo ante todo surge en el alba,

tú eres la poesía de mis estrofas

y el pensamiento ardiente que no se apaga!

Oh! si tú eres aroma, que yo te aspire!

Anídate en mi seno, si eres calandria!

y que amantes se enlacen, sol esplendente,

en un beso de fuego nuestras dos almas...![28]

---

[27] Falta el signo de exclamación en la edición de 1991.
[28] Falta el signo de admiración en la misma edición.

XXX

Mis versos son las rosas,

las frescas rosas blancas

que nacen cada día

del alma enamorada;

mas, ¡ay! entre sus hojas

risueñas, perfumadas,

por gotas de rocío

encontrarás mis lágrimas…!

XXXI

Tus ojos de hechicero siempre brillan,

tus ojos de hechicero jamás lloran,

porque la eterna flor del amor triste

en tu pecho inconstante nunca brota...![29]

---

[29] El poema termina aquí en el *Diario de la Marina*, pero en la edición de 1991, aparece a continuación una estrofa del poema número XXXIV que comienza: "Di a todos que eres dichoso". Después de este poema aparece también otra estrofa del poema número XXXV, que se inicia con el verso: "De ausencias en los largos días".

XXXIII

Yo sé que ha de llegar un triste día
en que el ardiente sol se apagará;
una tarde de invierno tenebrosa
en que todas las flores morirán;
y una noche de sombras y de lágrimas
en que tú, dulce bien, no volverás!

XXXIV

Corazón que sufre tanto,

esconde tu amargo llanto

con orgullo;

no reveles tus dolores

aunque se mueran tus flores

en capullo.[30]

Di a todos que eres dichoso

y alegre el mañana odioso

que divisas;

que es mayor nuestro quebranto

cuando responden al llanto

con sonrisas.

---

[30] En la misma edición de 1991 después de esta estrofa aparece parte del poema XXXV.

XXXV

De ausencia en los largos días
me hicieron perder la calma
acerbas melancolías;
y para aumentar mis duelos,
me desgarraron el alma
como serpientes los celos.
Que es implacable verdugo
el amor, ya lo sabía
cuando me rendí a su yugo;
mas cuando dejé de verte
¡supe lo que era agonía,
supe el fin lo que era muerte...![31]

---

[31] Faltan los tres primeros versos de este poema en la edición de 1991.

XXXVI

Águila fugitiva,
difícil de alcanzar como una estrella,
yo quiero que cautiva
quedes entre la red de mis amores,
y así sabrás que es bella
la esclavitud, cuando la endulzan flores.

XXXVII

Ay!, siempre a los suspiros que tú exhalas
mi alma responde fiel con un gemido,
como se queja el pájaro dormido
cuando lo besa el céfiro en las alas!
¿Por qué quieres que oyendo tus clamores,
a ti dirija presurosa el vuelo?
cuando encuentre en tu hogar tu hermoso cielo
y halle en tu pecho su nidal de flores,
en vano, arrepentido, en hora triste
le brindarás su libertad primera;
siempre querrá habitar la prisionera
en la cárcel de amor que le ofreciste!

XXXVIII

Guarda el mirto. Del amor[32]
es símbolo dulce y santo;
pero has de saber, mi encanto,
que no es eterna esa flor
si no se riega con llanto.

---

[32] En el *Diario de la Marina* aparece el verso dividido, pero en la edición de 1991 se omite el punto después de la palabra "mirto" y se escribe con minúscula lo que sigue.

XXXIX

Le dije al corazón: --Baja a los mares
para que escuches la amorosa endecha
que canta la sirena entre las ondas,
bañada de la espuma con las perlas.

Me dijo el corazón: --Yo sólo ansío
escuchar una voz, que es mi sirena!

Le dije al corazón: --Ve a las praderas
a contemplar la llama que encendida
derrama el sol sobre las dulces flores,
que a su ardoroso aliento se reaniman.

Me dijo el corazón: --Yo solo ansío
ver unos ojos que me dan la vida!

Le dije al corazón: --Sube a los montes
y admira el claro y diamantino velo
con que la noche, esa ostentosa reina,

adorna el azulado firmamento.

Me dijo el corazón: --Yo solo ansío
ver una faz que para mí es el cielo!

XL

La callejuela triste,

los ángulos sombríos,

y en la pared ruinosa

el santo allí en su nicho!

Aquí en lejanos tiempos

oyóme compasivo

y unió por un instante

tu corazón al mío.

¡Cuán grande fue el milagro!

Mas hoy cuando lo admiro,

con qué dolor tan hondo,

con qué amarga tristeza me sonrío![33]

Que me amaras un día

pudo lograr benigno,

pero que amaras siempre…

a tanto no llegó su poderío.

---

[33] Se lee "me sonríe!" en la edición de 1991. Este poema ya había aparecido en *Poesías completas* (1892) con el título de *Sensitiva*.

XLI

De una dulce paloma mensajera

puse en el rojo pico una flor blanca.

--Llévasela a mi bien, le dije, y vuelve

trayéndome algo suyo entre tus alas.--[34]

Tornó la mensajera, y en sus plumas

sentí aromas de lirios y de nardos...

el que tú le dejaste, amado mío,

con la suave caricia de tus labios...!

---

[34] Falta la pleca al final del verso en la edición de 1991.

XLII

Cuando llegue a decirme que me ama,

no sé lo que por mí pasará entonces,

porque sólo al pensarlo, de repente

detiene el corazón sus pulsaciones!

XLII

La dulce luz del moribundo día

brilla sobre la cumbre de los montes

cual última sonrisa, y luego al mundo

envuelve en las tinieblas de la noche.

Así en la tarde de mi vida irradian

con tu amor mis postreras ilusiones,

mas luego morirán... ¿Y quién al alma

descenderá después?... ¡También la noche!

XLIV

Tú pasas por mi lado

segando mis hermosas ilusiones,

y sigues muy tranquilo

porque oculto mis íntimos dolores.

Te pareces al ciego

que ricas flores en los prados huella;

supone que no sienten

porque ellas al morir nunca se quejan!

XLIV

Un ruiseñor que gime por las noches

al pie de tu ventana,

contándote mi amor y mis pesares

en su armoniosa charla,

me ha dicho que tu sueño es tan profundo

que nada turba su serena calma.

Y las aves despiertas,

y las dormidas flores y las plantas

se conmuevan y lloran…

tú solo, sólo tú, no tienes alma!

XLVI

Más triste que en regiones tenebrosas
es en Cuba el amor desventurado;
aquí donde su imperio
tiene la luz ardiente,
el corazón se siente lastimado
con la eterna sonrisa indiferente
del sol y de las rosas.
Mi[35] tierra bien amada,
tú[36] sin duda naciste
para albergar tan solo al ser dichoso;
yo soy bajo tu cielo esplendoroso
una exótica planta, desterrada
de otro mundo más triste,
y mi dolor aumentas,
pues si tu dulce compasión reclamo
parece responderme tu sonrisa:
--Yo tampoco te amo!

---

[35] La primera letra del posesivo está con minúscula en la edición de 1991.
[36] La primera letra del verso está con mayúscula en la misma edición.

XLVII

    Si en mí fue locura amarte,
fue en ti locura y traición
turbar un alma dormida,
jugar con un corazón.

XLVIII

Sigue en las alegres fiestas
lisonjeando a las hermosas
que se aman sólo a sí mismas,
volubles y engañadoras.
No te acuerdas de la triste
que vive olvidada y sola,
y en dolorosas vigilias
nunca olvida y siempre llora;
que al retornar a tu lecho,
de la noche entre las sombras
despertará tu conciencia
y será mi vengadora![37]

---

[37] El poema termina aquí en el *Diario de la Marina*, pero en la edición de 1991 a continuación de este verso aparecen otros que pertenecen al poema XLIX.

XLIX

Bajo la callada sombra
de esta venturosa noche,
amémonos sin que el labio
pronuncie de amor el nombre;
y hasta que la alondra anuncie
del alba los resplandores,
¡que sólo se oiga el latido
de nuestros dos corazones!

Déjame posar la frente
en tu pecho enardecido,
para contar uno a uno
sus amorosos latidos;
para sentirme segura
de que ellos todos son míos,
y quedarme allí dormida
cual la paloma en su nido.
Que sienta tu dulce mano
acariciar mis cabellos,

que libe yo los suspiros

de tu perfumado aliento,

y ¡no cambiaré la vida,

ni aun el Universo entero,

por un momento contigo

en este rincón del cielo…!

L

Los suspiros son besos con alas
que vuelan en torno del ser adorado;
los suspiros son flores que brotan
del alma que ansiosa su sol va buscando.

Yo te formo con ellos, bien mío,
un coro celeste de angélicos cánticos;
los suspiros son notas divinas
que lánguidas gimen bañadas en llanto.

¡Que a los míos respondan los tuyos,
que se busquen, se enlacen temblando,
y unidos eleven concierto armonioso
de amor que no muere, de amor puro y santo.

LI

Los besos son las rosas perfumadas

que teje en sus cadenas el amor;

los besos son las aves armoniosas

que cantan al salir del corazón.

Hay besos de la luz en los fulgores,

hay besos en la esencia de la flor,

hay besos en las ondas de los mares,

hay besos de las auras en la voz.

Un beso es la mirada que te envío,

un beso de mi mano la presión,

y en mil besos te envuelve el alma ardiente

a ti, que eres su Dios!

LII

La sonrisa es la luz que nos envía
el corazón ardiente que nos ama;
las lágrimas son perlas escondidas
en el profundo océano del alma.

Dulce es ver que gozosos nos sonríen
los bellos labios de la prenda amada;
pero es más dulce contemplar sus ojos
si tristes por nosotros vierten lágrimas...

LIV

¡Qué inquietud! cuando no vienes,
¡qué sobresalto! si llegas,
¡qué tristeza y desconsuelo
cuando miro que te alejas!

Y este tormento constante,
esta angustia que me asedia,
si del amor es la vida,
es la muerte en la existencia!

LV

Cuando yo llegue a verme sepultada

en la profunda oscuridad, bien mío,

que ha de extender en mi existencia un día

la pavorosa noche de tu olvido;[38]

cuando yo —como el ave errante y sola—

ya no tenga a mi lado el dulce amigo

que cual rayo de sol resplandeciente

vino a llenar de luz mi hogar sombrío;

cuando no escuche tu armonioso acento,

cuando tus ojos con fulgor divino

no hagan brillar sonrisas en mis labios,

ni al triste corazón le den alivio,

entonces, ¡ay!, al ver en este mundo

sólo un inmenso páramo vacío,

como el ángel lanzado de los cielos

recordaré[39] llorando el Paraíso!

---

[38] En la edición de 1991 falta este verso.
[39] En la misma edición dice "recordar; llorando el Paraíso!".

LVI

El agua temblorosa que contiene
el lago azul en su profundo seno,
en vano locamente se intentara
encerrarla de un vaso en el cristal.

Así para el amor que me domina
mi pobre corazón es tan estrecho,
que al comprimirlo en él, rompe su cárcel
y se desborda en férvido raudal.

LVII

Hay un lugar querido
que me hace muy dichosa,
porque es a donde siempre
voy a pensar en ti;
es bajo el toldo grato
de una enramada umbrosa
que Mayo cubre de hojas
y de capullos mil.[40]

Efluvios misteriosos,
sonrisas perfumadas
brotan en torno mío
de la enramada en flor,
y a veces me figuro
que son las encantadas
risueñas ilusiones
que nacen del amor.
Doradas mariposas,

---

[40] En la edición de 1991 falta el resto del poema.

abejas susurrantes,

aéreas, fugitivas,

rozan mi ardiente sien

como los blandos besos

de labios anhelantes,

labios que yo quisiera

poder besar también

La luz en hilos de oro

flotando entre las ramas

calienta el casto nido

de tórtola gentil,

y en sueños lo comparo

—sin ansias ni congojas—

al nido que yo anhelo

para vivir feliz.

Cercano, melodioso,

percíbese el murmullo

de arroyo que los cielos

refleja en su cristal;

y a ratos me parece

—tan plácido en su arrullo—

que es algún silfo hermoso

que me convida a amar.

¡Y es tu recuerdo ardiente

quien me persigue y clama,

y el corazón ansioso,

le habla con dulce voz,

de amor en cada esencia,

de amor en cada llama,

de amor en cuanto existe,

de amor, solo de amor...!

LVIII

Era una noche lóbrega
profundamente oscura,
y por los campos húmedos
íbamos él y yo;
ningún lucero fúlgido
su brillo nos enviaba,
ningún aroma plácido
de flores nos llegó;
y en esa noche fúnebre,
nublada y sin estrellas;
como él me amaba entonces,
¡la luz, la luz ardiente llenaba el corazón!

Era una noche espléndida
de luna dulce y clara,
y por los campos fértiles
íbamos él y yo;
risueña la vía láctea
brilló en el ancho cielo,

embalsamando el céfiro

mi frente acarició;

y en esa noche fúlgida

de estrellas y de aromas,

como él me odiaba entonces,

la sombra hasta mi alma qué negra descendió![41]

---

[41] Este poema se publicó el 15 de noviembre de 1903, junto con los numerados L, LI, y LII. No apareció el LIII. En la edición de 1991, le sigue a este poema parte del titulado LVII.

LIX

De tu desamor no ignoro
el tristísimo secreto;
yo sé que tú no me amas
porque entiendes que te quiero.

¿Mas cómo impedir que un día
se desborde el vaso lleno,
ni que el relámpago brille
en un tempestuoso cielo?

LX[42]

Los ríos no retroceden,

siempre corren hacia el mar,

y tú eres el mar inmenso

que mi amor buscando va.

En vano detener quiero

el impetuoso raudal;

aunque[43] se estrelle en la roca

vuelve mi amor hacia el mar!

---

[42] Este es el número con el cual se publicó en el *Diario de la Marina*.
[43] Se agrega el signo de exclamación al inicio del verso en la edición de 1991.

LXI

Jamás la niebla y la nieve
cubren de Cuba la alfombra;
sólo, mi bien, en tu alma
todo es frío y todo es sombra.

Los árboles de mi patria
siempre me dan su tributo;
tu corazón solamente
es árbol que no da fruto.

Hasta en los frígidos polos
brilla algún rayo de sol,
¿y a tu corazón de hielo
nunca llegará el amor?

LXII

Vuela, vuela, corcel mío

porque ya distingo cerca

la casita donde vive

mi dulce ilusión postrera.

De blanco estará vestida

aguardándome en la puerta,

con un mirto entre los labios,

cándida siempre y risueña.

Vuela, vuela, corcel mío,

la luna alumbra la senda,

y llegarás sin tropiezos

donde está la dicha cierta.

Ya desciendo, ya me acerco,

todo es sombra tras la reja...[44]

¿a dónde fue mi esperanza?

¡la casita está desierta!

---

[44] Faltan los puntos suspensivos en la edición de 1991.

LXIII

Tiene el amor supersticiones raras;
cuando me pongo el traje azul celeste
me late el corazón regocijado,
porque imagino que esa noche vienes.

Y me pongo el rosado, el verde, el rojo,
y los desecho a todos igualmente,
y siempre estoy con el celeste traje
para que vengas y jamás te alejes...!

LXIV

    Cuando repose mi alma,
huérfana de alegrías,
del afán que le atraen
las noches y los días,
    ¿te acordarás de aquella
que supo amarte tanto,
con un amor tan triste,
fuente de eterno llanto?

    Mas yo seré dichosa,
desventurado al verte
con otra, que no supo
ni amar ni comprenderte;
    alegre el alma mía
descenderá a buscarte,
    para besar tu frente
sombría, y consolarte;
    para llevarte al mundo
de la perenne aurora,
en donde todos se aman,

en donde nadie llora;

    y en ese mundo hermoso,

seremos dos estrellas,

que en pro una de otra

dejen radiantes huellas;

    y olvidará mi alma,

huérfana de alegrías,

el afán que hoy le traen

las noches y los días.

LXV

Ven!, y en los ojos que por ti han llorado,
tu hermosa imagen retratada mira;
ven! y en el seno que por ti suspira,
sienta tu hermoso rostro reclinado.

Ven y escucha el latido apresurado
de un corazón que por tu ser delira;
ven cuando gime o se enardece en ira
cual un hirviente mar alborotado.

Ah! todo acude si el amor lo llama!
Retorna al bosque el pájaro perdido,
la hoja vuela si el viento la reclama;

y tú no quieres escuchar mi acento
y en la profunda noche de tu olvido,
no tienes para mí ni un pensamiento.

LXVI

--Dame una pluma de tus blancas alas,

le dije con tristeza al dios Cupido.

--Y para qué la quieres?, --preguntóme

con su falsa sonrisa el bello niño.

--Para escribir la fecha de aquel día

en que a traición el alma me has herido.

--Tómala pues!, mas déjame empaparla

en dulce miel que destilé de un mirto.

--Gracias te doy!, con llanto de mis ojos

y sangre de mi pecho, ya la escribo...![45]

---

[45] Fue reproducido el 9 de abril de 1922 en *El Fígaro* con el número XLVII.

LXVII

Aún del sueño que tuve aquella noche
guarda mi corazón el dulce encanto;
tú estabas a mis pies, y yo ceñía
cariñosa tu cuello con mis brazos.

Confundido tu aliento con el mío
al oído en secreto nos hablamos;
y de ardiente pasión el juramento
trémulo se exhaló de nuestros labios.

Un beso nada más, un beso angélico
el sello fue del juramento santo,
y las dormidas aves y las flores
al rumor de aquel beso despertaron.

Nos enviaron aromas y suspiros,
contaron nuestro hermoso epitalamio,
y de la unión espiritual la antorcha
fue la luz pena de los bellos astros.

Pasó la noche cual ligero soplo,
se deshizo cual humo el sueño mágico
y sola desperté... sola en el mundo
con tu recuerdo y tu abandono ingrato.[46]

---

[46] Este poema no aparece en la edición de 1991.

LXVIII

¡Ojalá que ese sol resplandeciente
no alumbrara los mundos infinitos,
si ha de dejarlos luego en densa sombra
y profunda tristeza sumergidos!

¡Ojalá que las flores rozagantes
no llenaran los aires con su esencia,
si se han de deshojar una tras otra,
un aroma fugaz dejando apenas!

¡Ojalá que en la vida miserable
no hubiera juventud ni amor dichoso,
si después la vejez y el desencanto
habrán de herirlas con su helado soplo!

Y ya que tu alma ha de sufrir un día
la cruel mudanza que ordenó el destino,
ojalá que ni fuéramos amantes,
 ni hubiéramos nacido![47]

---

[47] Este poema no aparece tampoco en la edición de 1991.

LXIX

En este aislado bosque, misterioso
claustro en que brillan tibios resplandores,
donde encuentra la abeja dulces flores
y blando musgo de pájaro amoroso;
do se refugia el ciervo tembloroso
huyendo de los crueles cazadores,
y solo se perciben los rumores
tristes del viento entre el ramaje umbroso;
deja que llore los hermosos días
en que tú suspirando me decías:
--nunca se olvida cuando bien se quiere!--
y halle mi corazón su amor burlado
en cada pobre nido destrozado
donde hay alguna tórtola que muere!

LXX

No olvides viejos amores
por los que vengan detrás,
porque al cabo perderás
del alma todas las flores.

Cada vez que una ilusión
queda en brazos del olvido,
también se apaga un latido
del cansado corazón.

Y cuando ya tu alma inerte,
por nadie pueda sentir,
¿podrás dichoso vivir
llevando en ella la muerte?[48]

---

[48] Por algún motivo la secuencia LXX, LXXI, LXXII, y LXXIII se repitió en diferentes fechas, de modo que hay tres pares de poemas con la misma numeración. Esta es la primera. En la edición de 1991 aparece con el número LXX.

LXXI

Un milagro le pido al Dios piadoso,
y es que vuelvas a mí tan cariñoso
como la vez primera
en que me habló de amor tu alma sincera,
enseñándome a amarte y a esperar.

Mas, ay! que en el camino solitario
distingo únicamente entre el sudario
de la niebla, una sombra que se queja;
y es mi esperanza que también se aleja,
y que tampoco nunca volverá!

LXXII

Oigo el rumor de la lluvia

azotando mi ventana,

y pienso en la noche triste,

¿dónde está mi prenda amada?

En torno de las hermosas,

feliz, en risueña plática,

diciéndoles mil lisonjas,

cambiando dulces miradas.

Y salvando la distancia

que de mi bien me separa,

vuela mi espíritu errante

y entrando en la alegre sala

deja caer, silenciosa,

sobre tu frente, una lágrima!

LXXIII

Cuando en la noche lluviosa
te quedes solo en tu casa,
irá mi alma dolorida
a cubrirte con sus alas.

Tiernamente en el oído,
te dirá dulces palabras,
y cantará las estrofas
de las antiguas veladas.

Encenderá mi recuerdo
como un sol, en tu alma ingrata,
y al fin dirás conmovido:
--hice mal en olvidarla!

Sentirás lo que he sufrido
en una ausencia tan larga,
y sobre el libro que leas
acaso rueden tus lágrimas.

Y te olvidarás de aquellas
que nuestras vidas separan
y siquiera en esa noche
seré dueña de tu alma!⁴⁹

---

[49] Falta el signo de admiración en la edición de 1991.

LXX

Me dijo ayer un ave entristecida:

--Ven a unir a los míos tus clamores,

porque se han muerto ya todas las flores

y tras ella la luz se apagaría!

--Lloralos tú, le respondí, ¿qué importa

que se marchite cuanto el mundo encierra,

cuando tengo en la tierra

un amor infeliz por quien llorar?...[50]

---

[50] Faltan los puntos suspensivos en la edición de 1991.

LXXI

Hallarte por acaso en mi camino,
rendirte el alma a la primer mirada,
ser mi único y constante pensamiento,
mi ilusión más hermosa y adorada;
vivir por tu suspiro y tu sonrisa
y la dicha gustar para perderte...
esa ha sido la burla más amarga,
el sarcasmo más triste de mi suerte![51]

---

[51] Este poema fue reproducido el 9 de abril de 1922 en *El Fígaro*. Aparece en la edición de 1991.

LXXII

En noche azul del floreciente Mayo
estar contigo en el callado bosque;
sentada junto a ti, mirando al cielo;
con tu mano en la mía, hablar de amores;
a la luz de la luna, en lontananza,
el canto oír del ruiseñor insomne;
viendo caer las hojas, marchitadas
antes que nuestras dulces ilusiones.
yo no quisiera más... sino que el Tiempo
su raudo vuelo deteniendo entonces,
como ave enferma y vieja se quedara
dormido para siempre entre las flores!...[52]

---

[52] Fue reproducido el 9 de abril de 1922 en *El Fígaro* con el número XLVIII. En la edición de 1991 se invierte el orden final de los signos de puntuación.

LXXIII

Sin color, sin aroma, casi muerta,

sola entre abrojos la encontré sombría;

le pregunté quién era, y respondióme:

--¡Soy la flor del suicida!

Clavé en ella mis ojos extraviados,

recordé tus engaños y tu olvido,

¡y desde entonces esa flor siniestra

llevo siempre conmigo![53]

---

[53] Fue reproducido igualmente el 9 de abril de 1922 en *El Fígaro* con el número L.

LXXIV

Cuando tengo en mis manos el libro
que tus manos queridas tocaron
me parece que de él brotan llamas,
arpegios y efluvios, diciendo: te amo!

En sus páginas busco anhelante
reflejos radiosos de un rostro adorado;
el aroma de flor de tu aliento,
y de algún suspiro los tímidos rastros!

¡Cuántas veces mi espíritu absorto
en las noches azules de Mayo[54]
escuchó las divinas estrofas
que a raudales brotaban tus labios!

La pasión que animaba al poeta
fue la misma que oculta guardamos;
de las ansias secretas del alma

---

[54] Falta el resto de este poema en la edición de 1991.

los intérpretes fueron los cantos!

Dulce libro! yo quiero guardarte,
urna casta de ensueños alados,
que cual todo lo que amo en la vida,
huyeron bien puro deshechos en llanto...[55]

---

[55] Fue reproducido el 9 de abril de 1922 en *El Fígaro* con el título "Leyendo a Arciniegas". El final del poema allí dice: "volaron muy pronto deshechos en llanto! octubre de 1898".

LXXV

Los versos que yo te escribo
son los dulces sentimientos
que brotan del alma mía
cual mirtos puros y frescos,
y que solo por ti exhalan
himnos alegres o tiernos,
cual coro de ruiseñores
enamorados del cielo!
Pero aunque gozosos vibren,
siempre hay lágrimas en ellos,
que siempre está la tristeza
donde hay amor verdadero,
y a la esperanza suceden
sombríos presentimientos;
porque Cupido en sus rosas
mezcla los abrojos fieros,
une la risa al suspiro,
pone al llanto junto al beso.
Tú eres mi ensueño constante,

con toda el alma te quiero,

mas yo bien sé que en un día

de tempestades y duelos

en tu corazón ingrato

ha de morir mi recuerdo;

pero cuando la hora triste

suene en el reloj del tiempo,

si me abandonas, bien mío,

queden contigo mis versos…

¡será como si llevaras

mi corazón en tu pecho…![56]

---

[56] Este poema apareció igualmente en el número del 9 de abril de 1922 de *El Fígaro* con el título LI y la fecha "Abril 21, 1900'".

LXXVI

Yo nunca iré celosa

a arrebatar ¡oh Muerte! de tus brazos

el ser a quien adoro,

y que reclamo con inútil lloro

a mi destino inexorable y fiero!

Sé que eres tan constante como hermosa;

que sabes atraer al que prefieres

con el imán sombrío de tus ojos;

sé que tus fríos lazos

tan apretados son, que en ellos quedan

cautivos para siempre los que amas,

y sin embargo tú eres

la única rival a quien yo quiero,

la que no inspira al corazón enojos!

Ve a buscar al infiel y dale un beso,

un beso que marchite su alegría

do quiera que el amor le brinde flores;

deslízase al oído

tu palabra más dulce y tentadora,

y cuando esté vencido

ven con él hacia mí, que yo te aguardo

con ánimo sereno

en esta negra noche de mi vida,

para darte la alegre bienvenida

y dormir junto a él sobre tu seno!...[57]

---

[57] Faltan los puntos suspensivos en la edición de 1991.

LXXVII

Última rosa perdida!
del alma ilusión postrera!
la más dulce y hechicera
de las que encontré en la vida!

Convertida en polvo inerte
como tus hermanas bellas,
fuiste —cual lo fueron ellas—
predestinada a la muerte.

Yo por ellas he gemido,
paz y contento perdí,
marchita el alma sentí,
y, sin embargo, he vivido!

Pero sin ti, mis amores
se acabaron, flor querida;
ya en el árbol de mi vida
no brotarán nuevas flores.

Mas si en el sepulcro abrigo
hallas también, ¡oh ilusión!
no importa... al menos contigo
entierro mi corazón.

Poemas publicados en 1921 y 1922 en *El Fígaro* de La Habana como inéditos y pertenecientes a *Mirtos de Antaño*

III

Tu beso, tu suspiro, tu mirada,
o la sonrisa de tu boca amada
me da a escoger Cupido con exceso;
mas yo, como tal pasión, mi bien, te adoro,
que del rico tesoro
siempre mi corazón prefiere el beso![58]

---

[58] Hortensia Pichardo no menciona este poema en la lista de obras de Matamoros. Tampoco aparece en la edición de *Mirtos de Antaño* (1991), ni en *Poesías (1892-1906)*.

VI

Oh rondador de mis rejas,

que te quejas, que te quejas,

triste, cantando tu amor;

siempre acudo a tu reclamo,

porque te amo, porque te amo.

oh, mi dulce rondador¡

Tu amada nunca te olvida,

que aún dormida, que aun dormida,

tú eres su única ilusión;

y de la noche en la calma

va su alma, va su alma,

a decirte su pasión!

Al triste son de tus quejas,

en mis rejas, en mis rejas,

deja enlazada una flor;

que aunque torne al lecho mío

yo te envío, yo te envío,
en cambio mi corazón!⁵⁹

Octubre 31, 1899.

---

⁵⁹ Id.

XXV

Tengo en mi hogar, tan solitario y triste,

un sillón de caoba muy antiguo,

do acostumbra sentarse el bien amado

a leerme mis versos favoritos.

Si algún extraño en él quiere sentarse

enojada al momento lo retiro,

pues me parece que el lugar profana

que a mi tesoro le sirvió de asilo.

Yo solamente, en noches de desvelo,

voy a evocar allí los sueños ricos

que hizo nacer del alma apasionada

la dulce voz que acarició mi oído.

De sus rubios cabellos el aroma

siento que en él enajenada aspiro,

que aún conserva el calor del cuerpo hermoso,

que aún escucho sus trémulos suspiros.

Oh ¡yo os daré mis joyas más valiosas
con tal que me dejéis mi viejo amigo;
con tal que siempre en él oiga a mi amado
leyéndome mis versos favoritos.[60]

---

[60] Id.

XL

¡Mi cautivo encantador!
por quien vivo, por quien muero!
A quien hice prisionero
en las lides del amor!

¡No desates tus cadenas!
¡no abandones nunca el nido
que mis manos te han tejido
de mirtos y de azucenas¡

¡Unamos nuestras canciones!
¡nuestras manos enlacemos
y un himno los dos alcemos
a las dulces ilusiones!

¡Prisionero encantador,
por quien muero, por quien vivo!
¡quédate siempre cautivo

en las redes de mi amor!⁶¹

---

⁶¹ Id.

XLV

De nieve y de rosas y de oro y turquesa,

Cupido risueño formó tu belleza;

y a mí me dio un alma de casta paloma

que en ti sólo adora la dulce pureza

del cielo y la nieve, del sol y el aroma![62]

---

[62] Id.

ÚLTIMA FLOR

Pálida rosa de invierno!
con mis venturas pasadas
y esperanzas malogradas,
ve a dormir el sueño eterno!

Convertida en polvo inerte
como tus hermanas bellas,
fuiste, cual lo fueron ellas,
predestinada a la muerte.

Yo por su ausencia he gemido
paz y contento perdí,
marchita el alma sentí,
y sin embargo he vivido.

Pero sin ti, mis amores
se acabaron, flor querida;
ya en el árbol de mi vida
no brotarán nuevas flores.

Y si en el sepulcro abrigo
hallas, postrera ilusión,
no importa...al menos contigo
entierro mi corazón.[63]

Marzo, 1899.

---

[63] Id. Este poema es una versión del último de *Mirtos de Antaño*, LXXXVII, publicado en el *Diario de la Marina* el 10 de abril de 1904. Los dos tienen cinco estrofas y solamente la primera es diferente en los dos poemas.

LOS ENAMORADOS

Cual enjambre de alegres mariposas
impulsadas por ávidos empeños,
en el jardín de los ardientes sueños
van el mirto a buscar entre las rosas.

Del alma de las bellas ruborosas
con sutiles astucias, se hacen dueños,
y ellas con risas o fingidos ceños
a su vez los enlazan caprichosas.

Cupido entonces, vencedor altivo,
en cada pecho graba una memoria,
en cada corazón halla un cautivo;

y va dejando, despiadado o tierno,
el gozo en unos de la eterna gloria,
y el llanto en otros del dolor eterno.[64]

---

[64] Con el mismo título se publicó este poema en *El Fígaro*, el 15 de diciembre de 1901. Las dos últimas estrofas en la edición del 30 de octubre de 1921 que reproducimos acá, sin embargo, son diferentes. Este tiene como fecha de escritura noviembre de 1898. Hortensia Pichardo no lo menciona entre las obras de Matamoros. No aparece en *Poesías (1892-1906)*, ni en la edición de 1991.

ADIÓS

Ya nunca volverán mis ojos
a fijarse en los tuyos!... Quién creyera
que entre la triste nieve y los abrojos
germinara la fértil primavera?

¿Quién pudo imaginar que el alma mía
--dormida de la muerte en el reposo—
ocultara –volcán mal extinguido—
chispas ardientes del divino fuego?

Cual débil niño junto al mar inquieto
el plácido murmullo me extasiaba,
sin advertir que su creciente oleaje,
al peligroso fondo me arrastraba!

¿Y tú crees que soy joven, porque encuentras
en mis pupilas límpidos destellos;
porque mi frágil talle no se inclina

porque el ébano impera en mis cabellos!

Y no sabes que medía entre nosotros

el abismo insondable de los años,

que no soy la esperanza ni el ensueño,

sino hastío, tristeza y desengaño.

¡Hay! Por qué late el corazón helado

y al calor de tu hermosa adolescencia

pasan soplos de vida por mi frente

y surge el sol de nuevo en mi existencia?

Sarcasmo de un destino inexorable

que se complace en perturbar mi calma

para dejarme, tras amarga burla,

los dolores de Tántalo en el alma!

Y encuentro en tus promesas seductoras

la dicha que soñé nunca lograda

la gloria en los halagos de tu acento,

el cielo en el fulgor de tu mirada!

¡Ver la flor al alcance de la mano

mirar la honda fresca y armoniosa

y no aspirar la deleitable esencia

ni la sed apagar del alma ansiosa!

y sin embargo, una palabra sola

me diera el bien a que mi pecho aspira;

pero en esa palabra está el engaño

y yo no compro el bien con tu mentira!

Toma ese ramo que me diste!... Guarda

las rimas, perlas de tu amor sincero;

el bello libro con la esquela oculta

y déjame el dolor por compañero!

Adiós! Olvida a la que incauta un día

siendo despojo, imaginaste rosa,

y en el capullo que a entreabrirse empieza

plega tus alas... joven mariposa...!⁶⁵

Noviembre 1898

---

⁶⁵ Los poemas titulados "Adiós" y "Amor/Encuentro" se publicaron junto con los otros en *El Fígaro* el 9 de abril de 1922, p. 237. Hortensia Pichardo menciona los otros, pero no estos dos en su lista, y ninguno se había reproducido hasta ahora.

AMOR

EL ENCUENTRO

¡Oh, noche de primavera

en que vi por vez primera

de la luna a los fulgores

al amor de mis amores!

Ella iluminó esplendente

la blancura de su frente

y me mostró sin enojos

el puro azul de sus ojos!

Llegaban a mis oídos

los arrullos de los nidos

y como angélica risa

las canciones de la brisa!

Y en apasionado anhelo

bajo su límpido cielo

lleno de dulzura y calma,

me enamoré de su alma!

De su alma, joya escondida

que en mi alma entristecida

engarcé para que fuera

el sol de la primavera...

en mi tenebrosa vida...!

Mayo , 1898

Poemas en postales y álbumes

EN EL ÁLBUM DE LA SEÑORITA GLORIA CANALES Y MARTEL

Coronen tu frente perlas,
ricos diamantes y rosas;
pero que siempre te llamen
reina de las virtuosas.

¿Cómo no has de ser ¡oh niña!
un símbolo de belleza,
si de todo cuanto existe
lo más hermoso es *América!* [66]

PARA LA SEÑORITA CLARA TEJERA

Ser hija de un gran poeta
es llevar, puro y radiante,
un reflejo de la gloria
en una frente de ángel. [67]

(El Fígaro, 7 de diciembre de 1902)

---

[66] Poema inédito. No aparece en la lista de Hortensia Pichardo ni tampoco en *Poesías (1892-1906).* Apareció en *El Fígaro,* 30 de noviembre de 1902.

[67] Hortensia Pichardo menciona este poema en su lista de obras de Matamoros, pero no aparece en *Poesías (1892-1906).* El resto de los poemas en esta sección son también inéditos.

LUISA GARCÍA FORNARIS

De tu patria oye el clamor;
la sangre tiene sus leyes;
serás, si Cuba es tu amor,
digna nieta del cantor
de los pobres siboneyes.

JUANA G. DE USUNA

Dulce vestal, que con tan noble ejemplo
enalteces tu nombre de mujer,
sea siempre el hogar tu sacro templo
tu Dios el deber.

MANUELA G. DE USUNA

Al contemplar tus ojos luminosos
los hombres y los ángeles te alaban,
porque en ellos ¡oh niña! se reflejan
castos ensueños y virtudes santas.

N. VALVERDE

Si eres la flor, la tórtola o la estrella
han de amarte por cándida y por bella.

DOLORES MALBERTI

Que tu nombre de *Dolores*
no impida que en tu camino
vierta sus claros fulgores
de la dicha el sol divino.

A SOFÍA VALDÉS VALENZUELA

(A baby)

Si esperanza y alegría
para sus padres amantes
es hoy la tierna Sofía,
mañana será modelo
de virtudes relevantes,
gloria de su patrio suelo,

y una espiritual doncella
con dos ojos tan brillantes
cual la *solitaria estrella!*

A ASUNCIÓN O'REILLY

De una niña de otro tiempo
recuerdo los labios rojos,
la frente nevada y pura
y los celestiales ojos;
y todo el mundo me dice:
—Es Asunción, que hoy descuella
entre las dulces cubanas
por candorosa y por bella.

A CONSUELO LAGO

¿Por qué vertiendo gloria y alegría
tras negra noche se abrillanta el cielo?
Es que toma su luz el claro día
en los hermosos ojos de Consuelo.

A MARÍA DE QUESADA

Porque fuera emblema de paz y dulzura,
Dios hizo a la rubia con hojas de flor;
mas para que fuera calor de las almas,
formó a la trigueña con llamas del sol.

A ÁNGELA MORALES

Amor es ave que pasa
tan ligera como el viento;
si quieres vivir dichosa
nunca detengas su vuelo.

A DULCE MARÍA GAVILÁN

La inocencia es don preciso;
que el amante codicioso
nunca llegue a sorprenderla;
guárdela tu seno hermoso
como la concha su perla.

A MARÍA SOCORRO URZAIS

Por tu existencia pura
—siempre al noble trabajo consagrada—
eres, María, de tu hogar encanto
y de Cuba también joya sin mancha;
que la mujer modesta y virtuosa
es gozo para el alma,
flor de aroma celeste
y legítima gloria de su patria.

A MARÍA CUSTODIO

Tú que eres un alma bella,
haz que ardiente al cielo suba
tu plegaria, y pide en ella
que la solitaria estrella
siempre resplandezca en Cuba.

A MARÍA LUISA COLLANTES

Todo pasa, todo vuela,
juventud, placer y amor;
tú eres lo que nunca muere
sobre la tierra ¡oh Dolor!

A GLORIA PERDOMO DE MORALES

Del baile en que te ví por vez primera,
despierta, sonriente, en mi memoria,
una virgen—cual flor de primavera—
a quien por bella la llamaran *Gloria*.[68]

A LA CONDESA DE SANTA MARÍA DE LORETO

Hay una aristocracia
ante la cual me rindo:
--la *Bondad* y la *Gracia*.[69]

---

[68] Este poema también apareció con el título "Postal. A la señorita Gloria Perdomo de Morales" en el *Diario de la Marina*, el 14 de diciembre de 1902, p. 3.

[69] Estas dedicatorias aparecieron originalmente en *El Fígaro*, el 14 de diciembre de 1902.

A SERAFINA VALDIVIA

De un idilio es la flor: venid a verla;
no la hallarás más pura, más hermosa
ella es el verso convertido en perla,
es el ensueño transformado en rosa.[70]

---

[70] Se publicó en el *Diario de la Marina*, el 18 de junio de 1902, p. 4. No aparece en la lista de Hortensia Pichardo.

Textos inéditos en prosa

EL MILAGRO DE SAN ANTONIO

Lolita, la niña sentimental de ojos negros, se asoma, pálida y entristecida a la ventana, atraída por la voz cariñosa de su viejo amigo D. Pedro, solterón de sesenta y tantos años, que fue en su regocijada juventud valiente guerrero de los ejércitos de Cupido. Ya no enamora, pero siempre rinde culto a la hermosura, y es el visitante asiduo de todas las muchachas lindas del barrio, a quienes regala dulces, bouquettes, novelitas y hasta les lleva, cuando es preciso, las cartas de sus novios, porque alegre y chistoso asegura que servir a las mujeres, no es humillación para el hombre, sino emplear uno de los medios de acercarse a las flores para aspirar su perfume; aconsejando en las retretas y los bailes al alborotado coro, de los risueños mancebos que le rodea: --Hagan ustedes lo que yo hacía cuando era de su edad, enamoraba a las hermosas porque me gustaban, y a las feas por compasión! Y no olviden estos versos que escribí en mi primavera:
Cuando estoy triste porque es triste el día

> A causa de la niebla y de la lluvia,
> Entonces predomina el sentimiento
> Y estoy enamorado de la rubia;
> Pero si esta mi corazón contento

Tras divertida y abundante cena,
Entonces la materia predomina
Y enamorado estoy de la morena.

--Lo que quiere decir, amiguitos, que se debe amar siempre, de todos modos y a todas; y cuando se llega a los polos de la vida, seguir mi ejemplo, girar como la tierra alrededor del sol, aunque no sea más que para recibir sus reflejos!

Pero entre todas sus amigas la predilecta es Lolita, cuyo precioso tipo criollo le recuerda a una novia que consiguió robarle el sueño por cuatro noches consecutivas; no puede pasar mucho tiempo sin verla y hoy la saluda gozoso con la pregunta acostumbrada:

--¿Qué dice la niña bonita de esta casa?

Mas Lolita, llevándose el pañuelo a los ojos, responde suspirando.

Ah! D. Pedro, si usted supiera que triste estoy! Hace un mes, un mes largo, que Roberto se ha peleado conmigo y todo por una tontería! En vez de venir una noche se fue a visitar a las muñecas de yeso, ya usted las conoce, las hijas de ese americano que vive en Regla, y que me tienen a Roberto trastornado, hablándole siempre en inglés o en español chapurrado; yo le di quejas y él se incomodó porque dice que pretendo dominarlo, yo que lo quiero tanto! Y se fue, y esta es la hora que no ha vuelto por acá! ¿Qué será de mí, Dios mío?...

--Vámonos, no hay que llorar por eso, que volverá el palomo.

--No, no volverá! Es tan orgulloso y tenaz! Pero todavía me queda una esperanza: me ha dicho mi tía que si durante tres meses rezo la novena de San Antonio y le ofrezco al Santo una misa me sacará de este conflicto. ¿Usted no cree que es muy milagroso?

--Sin duda, contesta D. Pedro riendo, es el casamentero por excelencia, pero deseo que me prometas una cosa, hija mía.

--Desde luego ¡lo quiero a usted tanto!

--Pues bien, haz tu novena durante tres meses, pero si al terminarla no has conseguido lo que anhelas, harás entonces todo lo que yo te indique, ¿Convenido?

--Convenido.

Y Lolita, ligera como un pájaro, vuela hacia su cuarto, cubre de flores el altar de San Antonio, enciende cuatro lámparas ante la imagen, y se arrodilla a sus pies.

¡Cómo cambia desde entonces la vida de Lolita! Se encierra en su casa renunciando a todas las diversiones, no atiende más a su adorno personal, se somete a una abstinencia casi continua, y poco después nadie reconoce apenas en la anémica y melancólica joven a la fresca belleza que atraía tantas miradas y fijaba tantos corazones. Porque, contesta ella a todas las observaciones que se le hacen, cuando vea Roberto los sacrificios que hago por él y cuanto siento su ausencia, volverá a mí y me amará más que nunca! –Y llega un día en que una de sus compañeras de baila la encuentra sacando hilas al lado de su tía, la viejecita solterona; que con los espejuelos calados y la encorvada naricilla casi metida en la boca, le dice en tono gangoso:

--No te fíes de los hombre, hijita, porque todos ellos son gentes pecaminosa.

Pero transcurren rápidamente los tres meses, y el último día, de la última novena, cuando Lolita espera ver entrar a Roberto, llega en su lugar un amigo de este, quien le asegura que el ingrato se prepara alegremente para asistir al gran baile que dentro de quince días tendrá lugar en el Petit Club, y que su única compañera será….quién? nada menos que una de las muñecas de yeso, la más hermosa hija del americano, a quien el celebra tanto y a quien visita todas las noches.

Desesperada, Lolita acude a su amigo D. Pedro y le cuenta llorando como San Antonio no ha querido atender a sus ruegos.

El risueño solterón, fingiendo mucha seriedad, le dice:

---Pues bien, hija mía, llegó la hora de que me cumplas tu promesa. Primeramente, recibirás primero a tu antiguo pretendiente Felipe.

--¡Dios me libre! Recibir otra vez a ese joven tan rico, a quien renuncié por Roberto, que estaba tan orgulloso de que lo hubiera yo preferido a pesar de su pobreza! Se pondría celoso como un Otelo y nunca más volverá!

--Pues es preciso que así lo hagas, además, te alimentarás bien durante estos quince días, adórnate, abre tus ventanas, toca el piano y procura estar lo más bonita y alegre que puedas. Irás al baile y bailarás solamente con Felipe.

--¿Y cree usted entonces el santo hará el milagro?

--¿El santo?... jem...de seguro. –Y el viejo se va riendo.

¡Que sorpresa para Lolita cuando algunas noches después, sentada junto a Felipe que amorosamente le ofrece un ramo de flores y rodeada en la brillante sala de su casa de un sin número de amigos de ambos sexos que charlan, gritan y ríen, ve pasar por la acera opuesta a Roberto, que procura ver sin ser visto, ocultándose en la sombra!

Llega la noche del baile y los salones del Petit Club irradian como los astros; la alegre juventud, cubierta de perlas y de rosas, penetra en ellos semejante a una oleada turbulenta; más cuando al romper la orquesta en un brillante danzón se presenta Lolita adornada con un precioso traje, y exuberante de lozanía y belleza, cual una flor que estuvo a punto de marchitarse y se abre de nuevo más encantadora que nunca a los besos de la luz, un murmullo de admiración y de entusiasmo recorre todos los grupos: su compañero, el opulento Felipe, el rey de los buenos mozos, se pavonea orgulloso de la preferencia de que es objeto, y cede a duras penas las piezas de baile que le disputan sus amigos; y entre tanto, Roberto, haciéndose el indiferente, baila con la muñeca de yeso, que estirada como un palo, trata en vano de competir en elegancia y donaire, con la graciosa cubana. Arrinconado al fin en un extremo del salón por don Pedro, que no cesa de encomiar los hechizos de Lolita, le dice con voz alterada:

--Poco me importa que haga lo que quiera, yo he renunciado a ella para siempre!

--Y haces perfectamente, muchacho, y te aconsejo que no cambies de opinión, porque si reanudaras tus relaciones con Lolita, lo que ya sería muy difícil, cometerías una mala acción privándola de un magnifico partido! Felipe está decidido a casarse dentro de poco con ella.

--¿Y cómo lo sabe usted?

--¡Vaya!, porque él mismo me lo ha dicho.

Esto es falso, pero D. Pedro no se detiene en pelillos.

¿Qué sucede después? El baile continua, pero cuentan observadores curiosos que allá como a las cuatro de la mañana un hombre y una mujer cuchichearon en el hueco de un balcón, medio ocultos por las cortinas; que él le dio el brazo para conducirla al carruaje y que al despedirse deslizó dulcemente en sus oídos estas palabras: –Hasta mañana!

Algunos días después Lolita acude a la ventana al oír la voz de D. Pedro. --¿Qué dice la niña bonita de esta casa?
--Ah, D. Pedro! que dichosa soy! Roberto ha hecho las amistades conmigo y ahora me quiere muchísimo más que antes; me ha prometido hablar esta semana a papá y nos casaremos dentro de un mes! San Antonio me ha hecho el milagro! el divino san Antonio! mañana voy a pagar la misa que le ofrecí!

El veterano de Cupido da cariñosamente dos golpecitos en la suave mejilla de la joven y le dice sonriendo:

--Será todo lo que tú quieras, linda mía, pero en tu lugar repartiría ese dinero entre los pobres y dejaría tranquilo al Santo en su altar o entre los ángeles del cielo, porque yo creo que el milagro lo han hecho cuatro agentes muy poderosos en la tierra: el rival, que despertó los celos en tu amante, el brillo de tus ojos, la esbeltez de tu talle, y el encanto de tu sonrisa.[71]

---

[71] Ninguno de los textos en prosa que publicamos aquí aparece en la lista de Hortensia Pichardo, o en otras compilaciones de su poesía. Este cuento apareció en *El Fígaro*, mayo [16, 17, 18?] de 1900, pp. 247-48.

PENSAMIENTOS

El corazón es un santuario en el que no siempre nos es agradable que penetre todo el mundo.

La misericordia, bajo todas sus formas, es la que más asemeja al hombre su Creador.

Saber callar es más difícil que saber hablar.

La hidalguía del hombre respecto a la mujer, no se conoce tanto en el amor como en el desamor.

Las personas vanidosas viven esclavas de las apreciaciones de los demás.

Todos los avaros son filósofos porque la filosofía les sirve de pretexto para no gastar.

Conviene que haya misterios para que el hombre trabaje en su exploración; pero algún día no los habrá, porque la Ciencia se encargará de explicarlos todos.

El Arte es un gran consuelo para las almas enfermas y solitarias.

Muchas personas niegan la existencia de Dios por temor de pasar por tontas y cobardes.

El Espíritu Divino es el gran dominador de la materia.

Si Dios castigara a todos los que murmuraran de él, estaría el mundo casi vacío.

Dios no manifiesta su intervención en los acontecimientos humanos por medio de milagros extraordinarios, sino por la consecuencia natural de esos mismos acontecimientos, dirigidos por Él: estos forman una cadena cuyo primer eslabón está en sus manos.

Si los hombres escogieran su destino al nacer, todos serían felices y poderosos, solo Dios coloca a cada uno en el lugar que merece, aunque el orgullo humano no quiera reconocerlo así.

En la hora de la muerte, próximos a comparecer ante Dios, los malos no son valientes sino en apariencia.

El decadentismo es la demagogia de la literatura.

Los bienhechores que olvidan los deberes de cortesía y delicadeza, no hacen más que comprar ingratos.

Si el hombre es el rey de la hermosa Creación, la mujer es otra creación hermosa que domina al rey.

Las modas no parecen ridículas sino cuando han pasado.

Son muy pocos los que no aman a su patria, así como son muy pocos los que no aman a su madre.

La diplomacia es la mentira con traje de etiqueta.

Entre la libertad y el libertinaje hay la misma diferencia que existe entre la razón y la locura.

El alma es una e indivisible: por mucho que llegue a confundirse con otra, recobra al cabo su independencia.

Yo, seré siempre *yo*, y *tú* serás siempre *tú*; nuestra unión dura solo un momento.

El hombre que se humilla ante la mujer, se ennoblece.

Nadie será eternamente libre mientras viva esclavo de la moda; y es la más tonta de las esclavitudes, someterse a las imposiciones del sastre o de la modista.

El amor materno es un manantial inagotable que tiene su origen en el cielo; sentimiento divino que envuelve a los hijos en su santa llama para purificarlos, conducirlos y consolarlos, así en el día de la felicidad como en la noche del dolor, siendo para ellos como las columnas de sombras, y de fuego que acompañaron a los israelitas en el desierto.

Algunos de los que se llamaron santos en la antigüedad, eran unos visionarios debilitados por la vigilia y la abstinencia. En la época actual, cuando todos procuran dormir bien y comer mejor para fortificar el cerebro, ¿Dónde están los éxtasis y las apariciones sobrenaturales?

Si los viejos ermitaños se alimentaban únicamente, como dicen, con raíces y agua clara ¿cómo pudieron llegar a una edad tan avanzada? No hay organismo que resista mucho tiempo a un tratamiento semejante, a menos que los ermitaños fueran cuadrúpedos. ¿Y qué provecho han sacado ellos y el mundo con ese sistema? Dios no puede exigir del hombre tal sacrificio, que equivale a un suicidio más o menos lento, porque habiéndolo creado a su imagen y semejanza, dotándolo con un alma racional, sería estupendo[72] que le pidiera barbaridades o crímenes como pruebas de amor y de respeto.

Cuando la Razón alza la voz, todo el auditorio debe guardar silencio; los ignorantes para aprender; los inteligentes para admirar.[73]

LAS LIDES DE GALLO. ¿QUÉ OPINA DE LAS LIDES DE GALLO?

Deben relegarse al olvido como todo lo que significa un retroceso. Solo deben permitirse al pueblo aquellas diversiones que eleven su espíritu y no las que en él despierten el sentimiento innoble de la codicia o el peligroso de la crueldad. Pueblo codicioso y cruel puede llegar a convertirse en ladrón y en asesino.[74]

---

[72] "Estupendo" es la palabra que aparece en el *Diario de la Marina*, aunque tal vez es una errata y en su lugar Matamoros escribió "estúpido".
[73] Estos pensamientos inéditos de Matamoros aparecieron en el *Diario de la Marina*, el 3 de enero de 1904, p.5. El 12 de abril de 1903, Matamoros había publicado otra serie en el mismo diario. Véase Vallejo (*Poesías 1892-1906*, pp. 272-75).
[74] Comentario inédito aparecido en *El Fígaro*, 12/1902.

PENSAMIENTO

Los bienhechores que olvidan los deberes que imponen la urbanidad y la delicadeza, no hacen más que comprar ingratos.[75]

PENSAMIENTO. EL MÉDICO

El médico cuando cumple su deber es en ciertos casos inexorable por misericordia, y en todo lo que sea lícito no pone límites a la bondad: esto es lo que lo diferencia de los demás hombres y lo hace asemejarse a Dios. Saludemos con amor y respeto a este bienhechor de la humanidad; pero si queremos ser perfectamente justos, inclinémonos también ante la dulce figura de la enfermera, esa amazona del bien, tan fuerte en su debilidad y tan grande en su modestia.[76]

Guanabacoa, julio 27 de 1904.

---

[75] "Pensamiento" *Diario de la Mariana*, 15 de abril de 1903, p. 4.
[76] "Pensamiento. El médico" *La Lucha. Diario Republicano*. 5 de octubre de 1904, p.1. Este pensamiento se publicó con la siguiente nota: "Al salir curada del hospital de Guanabacoa, después de una operación practicada por doctores Gonzalo Aróstegui, Bueno y Héctor, escribió la señora Matamoros este pensamiento que transcribimos."

UN VOTO DE CALIDAD DE MERCEDES MATAMOROS A PICHARDO

No gusto de lisonjear y puede estar usted seguro de que es cierto cuanto le digo de su poema "Cuba a la República". Es bellísimo, la descripción exacta y deliciosa; el estilo opulento; la forma correcta, y todo él exuberante de vida y patriótico entusiasmo.

Le felicito de todo corazón; creo que la bella composición será generalmente aplaudida y una preciosa página de nuestras letras.[77]

---

[77] "Un voto de calidad". *La Lucha* 5 de junio de 1902, p. 1. Este otro comentario de Matamoros apareció a propósito del libro de Pichardo "Cuba a la República". La nota del periódico agrega: "el lindo folleto continúa vendiéndose en la Administración de *El Fígaro*, Obispo 62."

Artículos anónimos aparecidos en el *Diario de la Marina*

ARTÍCULO 1.

Ya hemos apurado las heces del poema "El último amor de Safo", y hemos leído además las observaciones críticas que su lectura ha sugerido a Márquez Sterling.

Por cierto que Márquez alaba la obra con un entusiasmo desacostumbrado en su frío temperamento, y le señala, en cambio, como únicos defectos la desnaturalización de carácter de la insigne lesbia, cierto leve ripio, y una antinomia de sentido entre dos sonetos del poema.

En prenda de imparcialidad defenderemos a la poetisa de estos cargos porque a nuestro juicio no los merece: si Safo resulta falseada no es seguramente por Mercedes Matamoros sino por la leyenda que nos la pinta, con mengua o no de la verdad histórica, vehemente, apasionada y poco aprensiva en la elección y calidad de sus amores; el ripio es compañero inseparable de toda poesía un poco larga; y en fin la contradicción que nota Márquez entre dos estrofas no existe, porque el cuarteto

Por tí olvidé cual flores sin esencias
ilusiones de bien que fueron mías
y troqué por culpables alegrías
lo más bello del alma: la inocencia.

no reza con Faón, cual supone Márquez, sino con el amor carnal a cuya idea está dedicada esa parte de la poesía. Trocó la inocencia por la lujuria. ¿Qué tiene tal trueque de contradictorio con la tentación a que en el otro soneto parece rendirse Safo solicitada por una bacante? Ni este ni otros extremos de liviandad se oponen a que Safo antes de descocada fuera inocente.

Descartada la acusación de Márquez, y para decir de una vez todo lo bueno que se nos ocurre de la autora y su obra, no vacilaremos en adelantar que Mercedes Matamoros maneja con facilidad el lenguaje poético, atenta muy rara vez contra las leyes del oído, y tiene momentos inspirados y a las veces una expresión de deliciosa ternura.

Hasta aquí las concesiones.

Dicho lo bueno, expongamos lo malo.

Por de pronto el personaje y el asunto, cuya escabrosidad es tal que parece inasequible a una señorita. Safo tiene tremenda fama; cuanto se relaciona con ella es delicado de tocar. Ni aun su parentela se exime de esta contaminación libidinosa, pues hermanos tuvo cuyo nombre es decorosamente impronunciable.

Acaso es una prueba de talento abordar ese tema y desarrollarlo sin grave alarma del pudor; pero por desgracia desde el primer soneto hasta el último abundan, unos por anfibología y otros por designio del poeta, en expresiones e imágenes capaces de ruborizar a un cochero de Estanillo. Cuando en el comienzo del poema dice Safo á Faón:

¡Vengo a ofrecerte mi mayor tesoro!

¡Vengo a brindarte mi glorioso encanto!

no queda uno tranquillo hasta que en otro cuarteto determina Safo la especie del objeto brindado: su lira de oro.

. . .

Tampoco nos gusta un poema hecho en sonetos. Esta clase de composiciones, no se presta a la fluidez de una narración poética. Su textura forzada obliga a cortar las ideas siempre, y a diluirlas en otras ocasiones cuando acaso cobraran mayor brío, valiéndose para expresarlas de estancias más concisas.

. . .

He aquí en resumen la forma cortada que ha adoptado, por mor[sic][78] de la sometería, Mercedes Matamoros:

I. Safo ofrece a Faón su lira de oro. Digamos de paso que el verso

¡Es mi lira! la dulce lira de oro

tiene en la cadencia final una diéresis inaguantable. Todavía en medio del verso podría pasar, como sucede en el soneto XIV cuando dice

Cual cintas de oro sobre el mar Egeo

---

[78] ¿"Amor"?

pero al fin, ni aun pronunciando *dioro* suena cristianamente.

II. Safo, habiendo perdido a su abuela, se ofrece como modelo de hermosura. En el primer verso de este segundo soneto se le ha ido el santo al cielo a la señorita Matamoros porque hace decir a Safo

> Tengo el color de golondrina oscura

Y Safo era blanca y las golondrinas son perfectamente negras. De modo que o la poetisa ha confundido a su heroína con Quintín Banderas o no ha visto en su vida una golondrina y les llama oscuras por el recuerdo de la rima de Bécquer

> Volverán las oscuras golondrinas.

Estos animalitos tienen blanca la pechuga; pero si ha querido tomarse la pechuga como punto de comparación, ¿a qué hablar de la oscuridad del pájaro?

El último terceto es muy malo

> Y aún hay quien diga que no soy hermosa

(Pésimamente acentuado)

> Oh ven y en este amor que a tí me entrega
> tú serás el Placer y yo El Delirio

¡El Delirio!

III. *La declaración*

Hay en él un verso imposible.

Veo en el clavel tu labio purpurino
No sobran más que dos sílabas. En efecto quiten ustedes la primera palabra y resultará un endecasílabo perfecto.

En los sonetos siguientes cuya crítica detallada nos llevaría demasiado lejos, Safo incita a Faón; le afea sus traiciones amorosas; quiere morder las mejillas de su rival. Cloé "con el nácar de sus dientes incisivos;" (ni los caninos ni los molares entran en juego) brinda en su regazo un nido para los bucles y labios de su amante, recuerda una orgía, y torna a sus celos porque también Faón torna a las andadas, alaba sus propias trenzas, hace trizas un pañuelo, recuerdo de amor; (por cierto que estas trizas están consonantadas con risas!!); hace a Friné confidencias sobre los besos de Faón y así sigue hasta que se tira de la roca de Leucades.

Hay dos sonetos "Invitación" y 'la Bestia", que son bonitos; pero de una sensualidad feroz.

En suma: un poema que no lo es, cuyas piezas andan sueltas por la premiosidad métrica que se ha impuesto la autora; abundante en incorrecciones y digno de anunciarse como ciertos espectáculos de feria o como las conferencias de Fray Gonzalo: Para hombres solos.[79]

---

[79] Este primer artículo apareció en la sección "Miscelánea" de *El Diario de la Marina*, el 5 de Agosto de 1902.

ARTÍCULO 2.

Un señor que nos es enteramente desconocido, defiende ayer en *El Mundo* el poema de Mercedes Matamoros. Y nos define la sinalefa y la sinéresis creyendo que con estas trivialidades, no ignoradas de nadie, va a hacer buenos los versos malos que tiene la composición.

Todos los que entonces señalamos lo son en grado superlativo y muchos de los que dejamos en el tintero, por no consagrar una extensión desmesurada a aquella obra algo insustancial y poco edificante.

Que poetas insignes hayan incurrido en algunos de los defectos señalados no significa que los defectos dejen de serlo.

Quintana tiene, no muy a menudo, descuidos que ya se le criticaron en vida.

El ma-mo-men de

Calma un momento tus soberbias ondas

y las contracciones silábicas violentas que algunas veces pueden señalársele, faltas son aunque muy perdonables por la rotundidad armoniosa y el mérito indiscutible de la mayor parte de sus versos.

Dice el paladín de la Srita. Matamoros que ésta *ha hecho*

sinalefa como aconseja la retórica.

La retórica no aconseja *que se use* de esa figura antienfónica. Antes bien, previene que su empleo sea muy moderado y procurando que las vocales unidas sean débiles las dos o una débil con otra fuerte o al contrario; pero evitando siempre el encuentro de dos vocales fuertes (a, e y o). Faltando a esta regla de oído, la sinalefa es censurable, lo mismo en Mercedes Matamoros que en Quintana o en Gallego.

Por consiguiente, el verso:

"¡Es mi lira! la dulce lira de oro",

en que hay encuentro de dos vocales fuertes cuyo natural oficio es pronunciarse separadas, resulta duro y por eso lo hicimos objeto de censura.

Otra defensa del campeón:

"El verso: Y aun hay quien diga que no soy hermosa tiene los acentos que le corresponden".

Falso: y la prueba de su mala acentuación sin necesidad de señalar por números las sílabas en que la pronunciación puede cargar, sin detrimento de la armonía del endecasílabo está en que para dar a ese verso sonido medianamente grato habría que leerlo de uno de estos dos modos:

Y aun hay quien diga *quenosóy* hermosa

Y aun hay quien *digaqué* no soy hermosa.

O lo que es lo mismo: los tres monosílabos *que no soy*, cuya fuerza es exactamente la misma, tendrían que pronunciarse acentuando con mayor ímpetu sin motivo alguno el primero o el último. Diferencias de tono inadmisibles en prosa y verso para un oído de mediana delicadeza.

Más duro aún necesita tenerlo quien tolere como endecasílabo esta descarga cerrada:

Veo en el clavel tu labio purpurino.

No leyendo la primera palabra, que gramatical y métricamente tiene dos sílabas, el verso es perfecto.

Luego le sobran dos sílabas.

Pero el defensor de la señorita Matamoros quiere otra cosa.

Quiere que por sinéresis la palabra veo se pronuncie como de una sílaba (procuren ustedes hacerlo a ver si les sale) y por si todavía esta sinéresis fuera poco, quiere que también se le agregue por sinalefa la palabra: "Veoen". Todo esto es una sílaba para el admirador del poema que, por lo visto, es un acróbata de la palabra, pues pronunciar ese monumento en un respiro es el colmo de la agilidad lingüística.

La señorita Matamoros estará de seguro muy afligida con semejante defensa.[80]

---

[80] Este segundo artículo apareció en la misma sección que el otro, el 10 de agosto de 1902.

ARTÍCULO 3.

Acusamos recibo de un ejemplar de "Sonetos", que en nombre de su autora, Mercedes Matamoros, se nos envía. La dedicatoria nos obliga y sorprende: lo primero porque siempre es de agradecer el recuerdo; lo segundo, porque si no andamos trascordados, hemos sido los únicos en censurar sin benevolencia el poema sonetiforme que constituye la parte principal del folleto que ahora tenemos ante la vista, y acostumbrados a que nos mirasen de reojo todos los escritores de cuyas obras no nos deshacemos en elogios, antes esperábamos un alarde de olvido desdeñoso que una dedicatoria de la obra.

Con dedicatoria y sin ella la obra sigue siendo para nosotros los que antes era: buena y mala.

No podemos modificar el juicio, puesto que tampoco ha modificado su obra la señorita Matamoros, ni siquiera para purgarla de faltas tan garrafales como consonantar risas y trisas y atribuir a Safo, cuya raza caucásica parece fuera de duda, el color de la golondrina. Ni tampoco para extirpar de raíz ese anacronismo científico en que incurre la autora haciendo comparar a la insigne lesbia su persecución enamorada con el giro de la tierra en torno del sol, ni más ni menos que si Safo pudiera haberse hallado en autos del sistema de Copérnico.

Pero el libro contiene veinticinco sonetos además de los del poema y sobre este apéndice poético cabría pagar en alabanzas la cortesía de la escritora. Desgraciadamente no hemos sabido nunca abdicar de nuestra independencia de criterio y guardaremos el aplauso para mejor coyuntura, pensando, por otra parte, que la reputación de la señorita Matamoros está harto bien fundada y no necesita que la inciense uno más, mientras que señalar sus defectos cuando se buscan si prolijidad mezquina o envidiosa, quizá convenga a su inspirado numen.

Del soneto *La muerte del Esclavo* nada tenemos que decir como no sea que los muertos no escuchan ni de cerca ni a lo lejos, los ladridos de los mastines ni el chasquido del látigo estallante.

El verso final:

y mas vale morir que ser esclavo

aparte de lo que Hermida llamaría su pirotecnia ideológica es una idea manoseadísima y cursi en fuerza de sublime.

. . .

En la *Tempestad* el verso inicial tiene doce sílabas métricas como quiera que se cuente.

Ru-geel-o-cé-a-no-co-moham-brien-ta- fie-ra

Forzando la sinéresis podría leerse *oceáno*, siempre

resultaría duro el verso; pero acentuando la é como lo hace la poetisa, la palabra tiene cuatro sílabas.

. . .

El soneto *A la vejez* es de los más flojos de su autora. Verdad es que el asunto no se presta gran cosa a lucir la inspiración.

A la vejes, viruelas, se ha dicho siempre.

. . .

Principio y fin es una especie de dolora en dos sonetos. En el primero se dice que cierta mañana de agosto iban por la selva un adolescente y una virgen.

La pareja "fué a sentarse junto a un nido".

Excusamos añadir que con este *principio* el *fin* se adivina. O ambos jóvenes se habían caído del nido o las inspiraciones selváticas de una mañana de agosto hicieron de las suyas.

Tal sucedió en efecto, según se refiere sin muchos pormenores, en el segundo soneto.

. . .

Y basta por hoy.[81]

---

[81] Este es el último de los tres artículos sobre los poemas de Matamoros publicados en el *Diario de la Marina*. Apareció el 9 de diciembre de 1902.

www.ingramcontent.com/pod-product-compliance
Lightning Source LLC
Chambersburg PA
CBHW060952230426
43665CB00015B/2164